যৌৱন আৰু দৃষ্টি

অৰ্ণৱ জান ডেকা

গল্পকাৰ আৰু ঔপন্যাসিকৰূপে জনপ্ৰিয়তা অৰ্জাৰ লগতে ব্ৰহ্মপুত্ৰ নদীৰ গৱেষণাৰে বিশ্বজুৰি পৰিচিত হৈ পৰা পৰিৱেশ-প্ৰযুক্তিবিদ অৰ্ণৱ জান ডেকাই ১৯৬৭ চনৰ ১৬ ছেপ্টেম্বৰত গুৱাহাটীত জন্ম লাভ কৰি ১৯৬৯ চনলৈকে নতুন দিল্লীত শৈশৱ অতিবাহিত কৰাৰ পাছত গুৱাহাটীত স্কুলীয়া শিক্ষা অৰ্জন কৰি প্ৰৱেশিকা পৰীক্ষাত ভাৰত চৰকাৰৰ জাতীয় বৃত্তি লাভ কৰিছিল। কটন কলেজৰ ছাত্ৰ হিচাপে অসমীয়া বিষয়ত গুৱাহাটী বিশ্ববিদ্যালয়ৰ সৰ্বোচ্চ স্থান অধিকাৰ কৰি তেওঁ প্ৰাক্-বিশ্ববিদ্যালয়(বিজ্ঞান) শিক্ষা সম্পূৰ্ণ কৰে। দিল্লী বিশ্ববিদ্যালয়ৰ অধীনস্থ শ্ৰীৰাম কলেজ অৱ কমাৰ্চত অৰ্থনীতিৰ স্নাতক পাঠ্যক্ৰমত অধ্যয়ন অসম্পূৰ্ণ হৈ ৰয় যদিও যোৰহাট ইঞ্জিনিয়াৰিং কলেজৰ পৰা তেওঁ জনস্বাস্থ্য কাৰিকৰী বিষয়ত ডিব্ৰুগড় বিশ্ববিদ্যালয়ৰ সৰ্বোচ্চ স্থান অধিকাৰ কৰি চিভিল ইঞ্জিনিয়াৰিং স্নাতক ডিগ্ৰীৰ লগতে গুৱাহাটীৰ চৰকাৰী আইন মহাবিদ্যালয়ৰ পৰা আইনৰ স্নাতক আৰু গুৱাহাটী বিশ্ববিদ্যালয়ৰ পৰা কম্পিউটাৰ প্ৰয়োগৰ স্নাতকোত্তৰ শিক্ষা অৰ্জন কৰি শেহতীয়াকৈ গণসংযোগ আৰু সাংবাদিকতা বিষয়ত গুৱাহাটী বিশ্ববিদ্যালয়ৰ ভিতৰত প্ৰথম শ্ৰেণীৰ দ্বিতীয় স্থান অধিকাৰ কৰি স্নাতকোত্তৰ ডিগ্ৰী লাভ কৰিছে। পেছাদাৰী জীৱনত তেওঁ **প্ৰজেক্ট ইঞ্জিনিয়াৰ**(চিভিল), অসম চৰকাৰৰ **প্ৰথম শ্ৰেণীৰ ৰাজপত্ৰিত বিষয়া** আৰু গুৱাহাটী উচ্চ ন্যায়ালয়ৰ **অধিবক্তাৰূপে** কাৰ্যনিৰ্বাহ কৰি আহিছে।

১০০ৰো অধিক গ্ৰন্থৰ লেখক অৰ্ণৱ জান ডেকাই ১৯৭৮-৯৬ কালছোৱাত আকাশবাণী গুৱাহাটী কেন্দ্ৰ, আকাশবাণী যোৰহাট কেন্দ্ৰ আৰু গুৱাহাটী দূৰদৰ্শন কেন্দ্ৰত বাতৰি পৰিৱেশনকে ধৰি নানা অনুষ্ঠান পৰিৱেশন কৰি অহাৰ সমান্তৰালভাৱে **'গান্ধাৰ'**(১৯৮৭-৯৩) আলোচনী আৰু **'JEC News'**(১৯৮৯-৯০) কাকতৰ **সম্পাদক**, 'দ্য আসাম ট্ৰিবিউন' কাকতৰ **মাদ্ৰাজৰ বিশেষ প্ৰতিনিধি**(১৯৯১), 'দৈনিক অসম', হোমেন বৰগোহাঞিৎ সম্পাদিত 'অসম বাণী', 'দৈনিক জনমভূমি', 'আজি', 'নতুন সময়' আৰু 'দৈনিকবাতৰি কাকত'ৰ **স্তম্ভলেখক**(১৯৯০-২০০৬), 'সাপ্তাহিক নীলাচল' আৰু 'নিউজ ষ্টাৰ' কাকতৰ **বিশেষ প্ৰতিনিধি**(১৯৯৫), **তথ্যচিত্ৰ পৰিচালক**(১৯৯৩-২০১১), দূৰদৰ্শন ধাৰাবাহিকৰ **কাহিনীকাৰ-চিত্ৰনাট্যকাৰ** আৰু **অভিনেতা**(১৯৯৬ চনৰ পৰা) হিছাপে বৈচিত্ৰ্যময় অভিজ্ঞতা অৰ্জন কৰিছে।

ভাৰতবৰ্ষৰ শীৰ্ষস্থানীয় লেখকৰ মাজত সৰ্বকনিষ্ঠৰূপে সাহিত্য অকাডেমীৰ 'Who's Who of Indian Writers' গ্ৰন্থত ১৯৯৯ চনতে জীৱনী সন্নিবিষ্ট হোৱা অৰ্ণৱ জান ডেকাই 'হিমালয়ৰ দুপৰীয়া' গল্পৰ বাবে সৰ্বভাৰতীয় কথা-গৰীয়সী পুৰস্কাৰ(২০০৩), 'ভৱ আনন্দ সংবাদ' উপন্যাসৰ বাবে অসম প্ৰকাশন পৰিষদৰ পুৰস্কাৰ(২০০৬) আৰু সামগ্ৰিক সাহিত্য-কৃতিৰ বাবে কলকাতাৰ পৰা আচাৰ্য প্ৰফুল্ল চন্দ্ৰ ৰায় স্মাৰক সন্মান(২০১০) অৰ্জন কৰি অসমীয়া সাহিত্যৰ যশ বৃদ্ধি কৰিছে। তেওঁৰ গল্প আৰু কবিতা ইংৰাজী, স্পেনিছ, বাংলা, হিন্দী, বড়ো আদি ভাষালৈ অনুবাদ হৈছে। তেওঁৰ সৃষ্টিশীল কৰ্মৰ স্বীকৃতি স্বৰূপে আন্তঃৰাষ্ট্ৰীয় চলচ্চিত্ৰ মহোৎসৱত কেবাবাৰো ভাৰতবৰ্ষৰ প্ৰতিনিধিৰূপে নিৰ্বাচিত হোৱাৰ উপৰিও তেওঁৰ পৰিচালিত ডকুমেন্টৰী চলচ্চিত্ৰ আমেৰিকা যুক্তৰাষ্ট্ৰ, কানাডা আৰু ইউৰোপত প্ৰদৰ্শিত হৈছে আৰু ছুইজাৰলেণ্ডৰ ৰাষ্ট্ৰীয় যাদুঘৰত সংৰক্ষিত হৈ আছে।

সম্প্ৰতি তেওঁ বৃটিছ পৰিৱেশবিদ-কবি টেছ জয়ছৰ সৈতে 'ছেভ দ্য ব্ৰহ্মপুত্ৰ ৰিভাৰ' নামৰ এটা ভাৰত-বৃটেইন আন্তৰ্জাতিক প্ৰকল্পৰ অধ্যক্ষৰূপে কাৰ্যনিৰ্বাহ কৰি ব্ৰহ্মপুত্ৰৰ প্ৰতি অহা পাৰিপাৰ্শ্বিক প্ৰত্যাহ্বানৰ বিষয়ে বিশ্বজুৰি জনমত গঠনত অগ্ৰণী ভূমিকা গ্ৰহণ কৰাৰ লগতে গ্ৰন্থ প্ৰণয়ন আৰু তথ্যচিত্ৰ পৰিচালনাত ব্ৰতী হৈ আছে। ২০১৬ চনৰ ইন্টাৰনেটৰ এক সমীক্ষাত তেওঁ বিশ্বজুৰি সবাতোকে প্ৰসিদ্ধ অসমীয়া সাহিত্যিক পাঁচগৰাকীৰ মাজত অন্যতম সন্মানীয় স্থান লাভ কৰিছে।

লেখকৰ ভাষাত তেওঁৰ নিজস্ব ব্যক্তিত্বৰ পৰিচয় পোৱা যায়। শব্দৰ প্ৰয়োগ সতেজ। বহু ব্যৱহৃত মৃতপ্ৰায় শব্দ তেওঁৰ পছন্দ নহয়। তেওঁ সাধাৰণভাৱেই ডাঙৰ কথা এটা কৈ পেলাব পাৰে।—সৰস্বতী সন্মান বিজয়ী ঔপন্যাসিক ড° **লক্ষ্মীনন্দন বৰা**, সম্পাদক, 'গৰীয়সী'

অৰ্ণৱৰ কবিতা পঢ়ি তবধ মানিছোঁ। বিজ্ঞানৰ ছাত্ৰ কাৰণেই হয়তো তেওঁ ৰচা কবিতাত সুন্দৰ বিজ্ঞানসন্মত মানসিকতাৰ জিলিকনি পাইছোঁ। অৰ্ণৱৰ কবিতা পঢ়ি এটা কথা মনত পৰিছে। বিজ্ঞানী আইনষ্টাইন আৰু সংগীতকাৰ টস্কানিনিয়ে এবাৰ কোৱাকুই কৰিছিল যে বিজ্ঞান আৰু সংগীতৰ উন্নততম সৃষ্টিত বিজ্ঞানসন্মত মানসিকতাৰে তিওৰা আৰ্ট থাকে।— দাদা চাহেব ফালকে বঁটা বিজয়ী বিশিষ্ট সংগীতজ্ঞ, গীতিকাৰ, সাহিত্যিক ড° **ভূপেন হাজৰিকা**, প্ৰাক্তন সভাপতি, সংগীত নাটক অকাডেমী, সম্পাদক, 'আমাৰ প্ৰতিনিধি'

কবিৰ বিনয় আছে। সেইবাবে সৃষ্টিৰ অতৃপ্তিও আছে। তদুপৰি তেওঁৰ আছে পূৰ্ণতাৰ হেঁপাহ। তেওঁৰ কবিতাত দেখা ইতিহাসৰ উপলব্ধিয়ে সমাজ সচেতনতাৰো ইঙ্গিত দিয়ে। কবিৰ আত্মবেদনাও তাৎপৰ্যপূৰ্ণ। --- জ্ঞানপীঠ বঁটা বিজয়ী ড° **বীৰেন্দ্ৰ কুমাৰ ভট্টাচাৰ্য্য**, প্ৰাক্তন সভাপতি, সাহিত্য অকাডেমী, সম্পাদক, 'ৰামধেনু' আৰু 'নৱযুগ'

Renowned Assamese story-writer and all-India award winner engineer Arnab Jan Deka, whose one hour documentary film on Srimanta Sankardev made in the year 1996 screened all over the world including USA, Canada and Europe, made the contributions of the genius familiar to the world community. — **The Assam Tribune** 9 October 2006

For the last more than three decades Arnab Jan Deka has been enriching Assamese language with his short stories, novels, poetry and essays. His popular short stories had already been translated into several international languages like English, Bengali, Spanish, French, Italian and German and had been widely accepted by readers beyond Indian borders. —
The Sentinel 1 September 2011

মই আৱিষ্কাৰ কৰা অৰ্ণৱ জান ডেকাৰ আটাইতকৈ ডাঙৰ গুণ হ'ল অপ্ৰিয় হোৱাৰ সাহস। অৰ্ণৱ জান ডেকা লেখক হিচাপে কিছু *inhibitions*ৰ পৰা মুক্ত, অপ্ৰিয় হোৱাৰ সাহস তেওঁৰ প্ৰচুৰ—এই দুটা গুণ ঠিকমতে *channelised* কৰিব পাৰিলে, ভোগবাদে জন্ম দিয়া কিছু ভঙ্গামিৰ বিৰুদ্ধে তেওঁৰ কলম শক্তিশালী অস্ত্ৰ হৈ উঠাৰ সম্ভাৱনা আছে।
—**ফণীন্দ্ৰ কুমাৰ দেৱচৌধুৰী**, অসমীয়া প্ৰতিদিন, ২৭ ফেব্ৰুৱাৰী ২০০০

গল্পকাৰ অৰ্ণৱ জান ডেকাৰ প্ৰথম গল্প সংকলন 'নাৰীবাদৰ নৱক' ১৯৯৯ চনত প্ৰকাশ পাইছিল আৰু গ্ৰন্থখনে এক বিতৰ্কৰ সৃষ্টি কৰিছিল। একে বছৰতে সংকলন খনৰ দুটা সংস্কৰণ প্ৰকাশ কৰি সেই বছৰত বেষ্ট-ছেলাৰৰ স্থান লাভ কৰিছিল গ্ৰন্থখনিয়ে। গল্প সংকলনখনিয়ে গুৱাহাটীয়া একাংশ তথাকথিত মধ্যবিত্ত নাৰীৰ বেপৰোৱা আচৰণক চৰম ভেঙুচালি কৰি তেওঁলোকৰ স্বৰূপ সম্পূৰ্ণৰূপে উলংগ কৰি দেখুৱাই দিছিল। --- অসমীয়া খবৰ, ১৪ ডিচেম্বৰ ২০০৫

Arnab Jan Deka, a popular Assamese short story writer, columnist and environmentalist and Tess Joyce, a British poet and environmentalist have jointly come up with a beautiful, evocative piece of writing, titled A Stanza of Sunlight on the Banks of Brahmaputra. The coming together of the East and the West is certainly a boon for literature, as it will inspire many upcoming writers to keep up with different cultures and traditions from around the world and opening wider vistas for all. — **The Assam Tribune** *27 Dec 2014*

Tess Joyce was so fascinated with the Brahmaputra river's all-encompassing nature that she penned a book of poems titled 'A Stanza of Sunlight on the Banks of Brahmaputra' jointly with Assamese poet Arnab Jan Deka. Joyce says working with Deka has been a wonderful experience because of their shared love for poetry and environmental concerns. —**Deccan Herald** *11 Oct 2009*

Arnab Jaan Deka's novel Bhaba Ananda Sangbad has been selected for the Assam Publication Award 2006. The book was written on the life and activities of his educationist father Bhabananda Deka, who was a researcher on Sankari culture. — **The Times of India** *10 Jan 2007*

A 'Prantik' short-story which created quite a stir was Arnab Jan Deka's 'Prem Asambhav'(Love Impossible). Extracting the essence of the story, a lady reader amalgamated fiction with her real life. Thus created a sweet relationship between the author and readers. — **Prantik** *16 Feb 2012*

Novelist Arnab Jan Deka has been a prolific writer for past several decades. The background of his award winning novel 'Bhaba Ananda Sambad' is set at the dawn of the Indian independence during 1950s and 1960s. This is an inspirational novel where symbolism has not found much place, rather the author preferred to translate the nostalgic past into words understandable to all wherein lies the entire strength of this novel. — **The Assam Tribune** *11 Jul 2008*

মনত অদম্য সাহস আছে আৰু মূৰত দুটামান পোক। এই পোকে কুটি থকা বাবেই ডেকাই চিন্তা কৰিব পাৰে। —সাহিত্য অকাডেমী বঁটা বিজয়ী গল্পকাৰ **অতুলানন্দ গোস্বামী**

"ভৰা পথাৰ, ভৰা বুকু, মুকলি বতাহ, নিকা মানুহৰ সংগ- জীয়াই থাকিবলৈ, জীৱনটোক সজাই ৰাখিবলৈ ইয়াতকৈ অধিক নো আৰু কি লাগে!" (অৰ্ণৱ জান ডেকাৰ 'প্ৰেম অসম্ভৱ'ৰ পৰা...) 'প্ৰেম অসম্ভৱ' গল্পটো পঢ়ি খেতিয়কৰ মহত্বক পুনৰবাৰ অনুভৱ কৰিছিলো। মনত দাগ কাটি থৈছে গল্পৰ নায়িকা ৰহিমলাৰ বাক্যকেইটাই... ----শৰ্মিষ্ঠা প্ৰীতম ২০১৫

His poems used ancient legends and transported the reader to an era where nature and the earth were revered, yet there are hints that the narrator feared that mankind will lose its way in modern-times and in the poem 'Repeat of the Yajurveda' (which refers to the ancient wisdoms of one of India's holy Vedic books) there was the terrible realisation that "Humanism has become a statue."
— **Tess Joyce,** Luit to Thames(UK) January 2014

A Ray of Timeless Beauty: 'A Stanza of Sunlight on the Banks of Brahmaputra' This is a beautiful, evocative piece, with a timeless, almost ethereal quality to the writing, which makes you yearn for a time before all things digital; a time when we could hear more clearly the messages that nature has for us. In the hurry-flurry of today's world, my hope is that this book will reach the wider audience that not only it deserves, but who also deserve to have the chance to slow down and hear the message that this book will speak to their souls.
—**Claire Elizabeth Terry**(ChiaraClara), Amazon.uk, 15 Oct 2014

I have met in my life similar cases with Arnab's, of rather practical professionals being also devoted to artistic or philosophic areas..!! But, Arnab's novelist instincts may seem to have emerged out of a very sensible soul, much cultivated as such within the family Hindu environment of his illustrious intellectual parents; of which, Arnab is very proud, as trying constantly to maintain alive their memory with present and future communities, in Assam and India;

It is sure that, during his young years by his father and mother, someone must have probably incited him with the suggestion for a great personal dedication to other people's hopes and need for an improved world around us,.. In fact, to live and practice within some pro-active public attitude,.. Alike the Martin Luther's commandment that changed the spiritual world of Christianity, by 1st half of XVI's century: "If you want to change the world, pick up your pen and write." I can see that - in the previous years of acquiring his well-deserved reputation in Assam, as a successful novelist and poem writer - Arnab had generously checked on his poetry with other Assamese and outside friends of trustful stands, as sharing his own convictions with them or progressing ahead in the sought achievements in his philosophic poetry...

A great German philosopher Frederich Nietzche said: "A good writer possesses not only his own spirit, but also the spirit of his friends." I believe Arnab just marvelously does that.

It is without doubt that Arnab Deka, has already put himself on such generous path of living, since some time now. And his obvious versatile becoming is already a reality of his life…

CONFUCIUS said: "It does not matter how slowly you go, as long as you do not stop." Well, most convincing factual and intellectual evidences are here that our celebrated hero, Engr. Arnab Deka, would likely not stop in his multi-oriented activities. To the benefit of his Assamese colleagues, other interested individuals, as well to the glory of his giant parents, whose loving memory is thus cherished and acknowledged;

He has marvelously proven already his determination to be a pro-active apostle of the Brahmaputra River, in Assam, through his multiple confluent qualities as: (1) River's physical investigator (River Engineer), (2) environmentalist guardian (ongoing project 'Save the Brahmaputra River'), (3) public activist (NGO) and (4) literary writer (poem's authoring).

An intelligent writer said once: 'We must begin thinking like a river if we are to leave a legacy of beauty and life for future generations." I believe our brilliant friend Arnab, has just reconfirmed - through today's launching of this new book 'Brahmaputra and Beyond' - his already made choice in that thinking, but devotedly to his River Brahmaputra. Because: Alike the greatest rivers always find their way to the ocean, the young Engr. Deka - author of several books on this unique river Brahmaputra and, in parallel, a most promising river engineer - has proved out his responsible consolidated decision over running his multi-professional existence, in years to come. — **Dr Constantin Aurel Stere,** Lecture on Brahmaputra, 28 February 2015

Top 5 contemporary writers from Assam who have made it big outside the state also. :: A writer with multifaceted talent and a prominent figure in Assam's literary circle, Arnab Jan Deka has received considerable fame among his contemporaries. Apart from writing novels, he has also excelled in the roles of actor, columnist, poet, short story writer, screenwriter and documentary film director. He has already composed 130 nonfiction and fiction books. --- **Arnab Ghosh,** http://www.nelive.in/assam/entertainment/top-5-contemporary-writers-assam, Jan 23, 2016

Arnab Jan Deka is an Indian novelist, Jurist, Short story writer, Eco-Technocrat, Laureate, River Engineer, Author, Documentary Film Director, Poet, Columnist, Television Actor, Playwright, and Screenwriter. It's unbelievable to see a man doing so much work in his life, but Mr. Arnab knows how to make those impossible things possible in life. --- *http://***www.nettv4u.com***/celebrity/ english/novelist/arnab-jan-deka*

অসম ফাউণ্ডেছন-ইণ্ডিয়া, শ্রীমন্ত শংকৰদেৱ আন্তৰ্জাতিক প্ৰতিষ্ঠান আৰু অসমৰত্ন অধ্যক্ষ ভৱানন্দ ডেকা ফাউণ্ডেছনৰ দ্বাৰা প্ৰকাশিত অন্যান্য গ্ৰন্থ

অধ্যক্ষ ভৱানন্দ ডেকাৰ কালজয়ী ৰচনাসম্ভাৰ
Sankardev's KIRTAN GHOSA (English Prose Translation)
অসমৰ অৰ্থনীতি
(সোণালী জয়ন্তী সংস্কৰণেৰে ইতিহাস ৰচনা কৰা একমাত্ৰ অসমীয়া গৱেষণা গ্ৰন্থখন)
Srimanta Sankardev (English Biography)
ভৱানন্দ অৰ্থকোষ
(অৰ্থনীতি আৰু বাণিজ্য বিষয়ক সকলো শব্দ সামৰা প্ৰথমখন ইংৰাজী-অসমীয়া অভিধান)

অধ্যক্ষ ভৱানন্দ ডেকা ৰচনাৱলী
অধ্যক্ষ ভৱানন্দ ডেকা নাটসমগ্ৰ
অধ্যক্ষ ভৱানন্দ ডেকা কবিতাসমগ্ৰ

ৰামধেনু যুগৰ কবি অধ্যাপক সুশীল শৰ্মাৰ সম্পাদনাত
অসমৰত্ন অধ্যক্ষ ভৱানন্দ ডেকা
(অসমীয়া সাহিত্য আৰু অৰ্থনীতিৰ কাণ্ডাৰী পুৰুষজনাক অসমৰ বৌদ্ধিক সমাজৰ আনুষ্ঠানিক স্বীকৃতিৰে ২০০৭ চনতে 'অসমৰত্ন' উপাধিৰে বিভূষিত কৰা ঐতিহাসিক গ্ৰন্থখন)

বিশিষ্ট গল্পকাৰ অৰ্ণৱ জান ডেকাৰ প্ৰখ্যাত গ্ৰন্থসমূহ
অৰ্থনীতিজ্ঞ-শিক্ষাবিদ-সাহিত্যিক অধ্যক্ষ ভৱানন্দ ডেকা
ঃ এক বৰ্ণাঢ্য জীৱন (জীৱনৰ সকলো দিশত আলোকপাত কৰা গ্ৰন্থ)
অন্য এক যাযাবৰ (ড° ভূপেন হাজৰিকাৰ জীৱনৰ খণ্ডচিত্ৰ)
অসমৰ অৰ্থনীতিৰ বাটকটীয়া গৱেষক-গ্ৰন্থকাৰ
অসমৰত্ন অধ্যক্ষ ভৱানন্দ ডেকা
অসমৰ জীৱন্ত কলাক্ষেত্ৰ (শিল্পী-গৱেষক প্ৰদীপ চলিহাৰ জীৱনী)
মোৰ চিনাকি ভূপেনদা (ড° ভূপেন হাজৰিকাৰ অন্তৰংগ সান্নিধ্য ৰোমন্থন)
Jewel of Assam Principal Bhabananda Deka (English Biography)
ভূপেনদাই মোক কি কি কৈ থৈ গ'ল (স্মৃতি ৰোমন্থন)
যৌৱন আৰু দৃষ্টি (জীৱন বিষয়ক ৰচনা সংকলন)
ভূপেনদাৰ সৈতে ধৰাৰ দিহিঙে দিপাঙে (ভ্ৰমণ বৃত্তান্ত)
মোৰ ৩০ বছৰীয়া সাহিত্যিক জীৱনৰ স্বপ্ন আৰু সাধনা (আত্মকথা)

যৌৱন আৰু দৃষ্টি

জীৱন বিষয়ক ৰচনাৰ সংকলন

অৰ্ণৱ জ্ঞান ডেকা

অসম ফাউণ্ডেছন - ইণ্ডিয়া

অধ্যক্ষ ভৱানন্দ ডেকা ফাউণ্ডেছন

JOUBAN ARU DRISTI : Youth & Vision

A collection of Assamese essays on various aspects of life and its complexities analysed from the viewpoint of an engineering under-graduate student, authored by Er. Arnab Jan Deka, BE(Civil), PGDCA, PGDJMC, LLB, MCJ, award winning Assamese Short Story Writer & Novelist as well as a well-known Television Actor, River Engineer and Legal Personality of international repute.

First Edition published on 1 January 2011
Second International Edition : October 2017

ISBN-13: 978-1978476073
ISBN-10: 1978476078

If you have any question or comment concerning this book, please contact either the Author or the Publisher.

Price : ₹ 90.00
$ 6.00

Published in India by :
Assam Foundation-India *in association with*
Asom Ratna Principal Bhabananda Deka Foundation,
28, Pub Sarania Hill Side Road, Guwahati 781007, Assam, INDIA
E-mail : janarnab@gmail.com, Phones : +91 995 481 6628

Printed & bound in the USA by CreateSpace

অসমীয়া জাতীয় পৰম্পৰা নিৰ্ভাঁজ ৰূপত অনুশীলন আৰু প্ৰতিপালন কৰি
জাতিটোক ঐশ্বৰ্যশালী কৰি অকালতে ধৰাধামৰ পৰা বিদায় লৈয়ো নিজৰ
বৌদ্ধিক কৰ্মৰ মাজেৰে অসমৰ সামাজিক আৰু বৌদ্ধিক ক্ষেত্ৰক গৰিমামণ্ডিত
কৰি ৰখা যুগজয়ী সাহিত্যিক-দম্পতি
অধ্যক্ষ ভৱানন্দ ডেকা আৰু নলিনী প্ৰভা ডেকাৰ
পৱিত্ৰ স্মৃতিত আন্তৰিক শ্ৰদ্ধাঞ্জলি।

সাহিত্য অকাডেমীৰ প্ৰাক্তন সভাপতি, ৰামধেনুৰ স্বনামধন্য সম্পাদক তথা জ্ঞানপীঠ বঁটা বিজয়ী ড° বীৰেন্দ্ৰ কুমাৰ ভট্টাচাৰ্য্যৰ সৈতে অৰ্ণৱ জান ডেকা (১৯৮৩)

জ্ঞানপীঠ বঁটা বিজয়ী ড° মামণি ৰয়ছম গোস্বামীৰ সৈতে অৰ্ণৱ জান ডেকা (১৯৮৯)

লেখকৰ এষাৰ

শৈশৱ-কৈশোৰত সকলোৱে পোৱাৰ দৰে ময়ো দেউতাৰ পৰা জীৱন সম্পৰ্কীয় যথেষ্ট আদিপাঠ পাইছিলোঁ— চুৰি নকৰিবি, মিছা কথা নক'বি, বিড়ি-চিগাৰেট নাখাবি, চাধা-ভাং নাখাবি, মদ-ড্ৰাগছ নাখাবি, দুৰ্নীতি নকৰিবি, অন্যায়ৰ প্ৰতিবাদ কৰিবি, দুখী-দৰিদ্ৰৰ প্ৰতি সহমৰ্মী হ'বি, আৰ্তজনক সহায় কৰিবি, সদায় সৎ পথত চলিবি, নৈতিকতা সকলো পৰিস্থিতিতে ৰক্ষা কৰিবি।

পিছৰ জীৱন কালত সৰহভাগেই এইবোৰ পাঠ পাহৰি যায় বা অৱজ্ঞা কৰিবলৈ লয়। জীৱন-যুদ্ধত নামি আশৈশৱ আৰ্জিত সৰল নীতিবোৰ বিসৰ্জন দি লোভ-মোহ-কপটতা-ঈৰ্ষা-বস্তুকেন্দ্ৰিক উচ্চাকাংক্ষাৰ ওচৰত আত্মসমৰ্পণ কৰে। জীৱনবোৰ এনেকৈয়ে প্ৰদূষিত হয়। সমাজ নীতিহীন হৈ পৰে।

মই হোৱা নাছিলোঁ। দেউতাই দিয়া জীৱনৰ আদিপাঠবোৰ মোৰ যৌৱনকালতো পৰিপূৰ্ণ হৃদয়েৰে আওৰাইছিলোঁ। মোৰ ছাত্ৰকালত বিভিন্ন কাকত-আলোচনীত ছপা হোৱা মোৰ ৰচনা বা প্ৰৱন্ধ সমূহত তাৰ সৰব ৰাজহুৱা প্ৰতিফলন ঘটিছিল। ১৯৮০ চনত স্কুলীয়া ছাত্ৰ জীৱনতে 'অসম বাণী' কাকতত এনে বিষয়ক প্ৰথমটো লেখা প্ৰকাশ পাইছিল আৰু পৰৱৰ্তী কালত ১৯৮৫ চনত 'প্ৰান্তিক' আলোচনীতো একে সুৰৰ লেখা ওলাইছিল। ১৯৮৭ চনত মোৰ সম্পাদিত প্ৰথম আলোচনী 'গান্ধাৰ' আৰু ১৯৮৯-৯০ চনত মোৰ সম্পাদনাতে প্ৰকাশিত উত্তৰ-পূব ভাৰতৰ প্ৰথম আবাসিক বাতৰিকাকত 'জে-ই-চি নিউজ'ৰ সম্পাদকীয়তো তাৰ প্ৰতিফলন ঘটিছিল। পিছে, এনে বিষয়ক ৰচনা নিয়মিত লিখা প্ৰক্ৰিয়াটো আৰম্ভ হ'ল ১৯৯০ চনত মই যোৰহাট ইঞ্জিনিয়াৰিং কলেজৰ ছাত্ৰ হৈ থকা অৱস্থাত হে। সেই কালছোৱাত প্ৰকাশ পোৱা সীমিত সংখ্যক বাতৰি-কাকতৰ ভিতৰত 'দৈনিক জনমভূমি', 'দৈনিক অসম', 'অগ্ৰদূত', 'সাদিন' আদিত মোৰ লেখা নিয়মিত প্ৰকাশ পাইছিল। এই প্ৰসিদ্ধ আৰু জনপ্ৰিয় কাকতবোৰৰ সম্পাদকসকলৰ বদান্য পৃষ্ঠপোষকতাত সেই কলেজীয়া ছাত্ৰ জীৱনতে লেখক ৰূপত মোৰ প্ৰতিষ্ঠা চূড়ান্ত হৈ গৈছিল। লেখক আৰু ব্যক্তি হিচাপে মই সঘনাই জনচক্ষুৰ পৰ্যবেক্ষণত থাকি অভ্যস্ত হৈ উঠিছিলোঁ।

১৯৯০ চনৰ পৰা প্ৰৱন্ধ-লেখক ৰূপত আৰম্ভ হোৱা মোৰ সেই যাত্ৰাৰ দুই দশক পাৰ হৈ যোৱাৰ পাছতো আজি জীৱনৰ শীৰ্ষত উপনীত হৈ মই সাহস

আৰু প্ৰত্যয়েৰে ক'ব পাৰোঁ যে মোৰ পিতৃৰ পৰা লাভ কৰা শৈশৱ আৰু কৈশোৰৰ নীতিশিক্ষাবোৰ যৌৱন কালত যি অদম্য অনমনীয়তাৰে কটিয়াই আছিলোঁ, আজি জীৱনৰ কুটিল যাত্ৰাৰ মধ্যাহ্ন পৰত নিত্য-নতুন প্ৰত্যাহ্বানৰ সন্মুখীন হৈয়ো সেই নীতি-আদৰ্শ মই এধানিমানো বিসৰ্জন দিয়া নাই। তাকেই সাব্যস্ত কৰাৰ বাবে সেই সময়ছোৱাত প্ৰকাশিত মোৰ ৰচনাবোৰ সংকলিত কৰি প্ৰকাশ কৰা হ'ল এই গ্ৰন্থ।

শৈশৱ-কৈশোৰৰ সৰল জীৱন বীক্ষাক পৰিণত বয়সতো একেই শ্ৰদ্ধা আৰু আন্তৰিকতাৰে হৃদয়ত স্থাপন কৰি জীৱন-পথ পৰিক্ৰমাত অগ্ৰসৰ হোৱা সময়ত মোক নিয়ত সাহস আৰু প্ৰেৰণা যোগাই থকা মানুহজন আছিল মোৰ দেউতা অধ্যক্ষ ভৱানন্দ ডেকা। এই স্থিতপ্ৰজ্ঞ, নিৰ্মোহী, চৰিত্ৰবান, সৰল আৰু নীতিনিষ্ঠ মানুহজনৰ বিশাল জীৱনৰ প্ৰচ্ছায়াত মই নিজৰ জীৱন গঢ়িব পৰা বাবে ধন্য মানোঁ। যোৱা ৪ ডিচেম্বৰ ২০০৬ তাৰিখে এই সংসাৰৰ মায়া-মোহ এৰি অনন্ত ধামলৈ গতি কৰা অসমৰ অৰ্থনীতি গৱেষণা আৰু বৈষ্ণৱ দৰ্শনৰ পুৰোধা ব্যক্তি গৰাকীৰ পুণ্যস্মৃতিয়ে আজীৱন মোৰ জীৱনৰ পথ সমুজ্জ্বল কৰি ৰাখিব। 'যৌৱন আৰু দৃষ্টি'ৰ পৰা যদি অসমীয়া সমাজ সামান্য পৰিমাণেও উপকৃত হয়, তাৰ গুৰুভাগ কৃতিত্ব অসমৰত্ন অধ্যক্ষ ভৱানন্দ ডেকাৰ প্ৰাপ্য। এজন দায়িত্বশীল নাগৰিকৰ দূৰদৃষ্টিপূৰ্ণ সুশিক্ষাৰ ফছলৰূপে সৃষ্ট এই গ্ৰন্থ পাঠক সমাজলৈ আগ্ৰহেৰে আগবঢ়াই দি মোৰ পিতৃৰ স্মৃতিকে পুনৰ উজাগৰ কৰি তুলিব বিচাৰিছোঁ।

৬/২০১১

মোক ছাত্ৰকালতে বাতৰিকাকতত নিয়মিত লিখাৰ সুবিধা দি প্ৰবন্ধ লেখক হিচাপে অসমত সুপ্ৰতিষ্ঠিত কৰাত উল্লেখযোগ্য ভূমিকা লোৱা 'দৈনিক জনমভূমি' আৰু 'নতুন দৈনিক'ৰ সম্পাদক যতীন্দ্ৰ কুমাৰ বৰগোহাঞি�, 'অগ্ৰদূত'ৰ সম্পাদক কনকসেন ডেকা, 'দৈনিক অসম'ৰ সম্পাদক প্ৰফুল্ল কুমাৰ বৰুৱা আৰু অনিল বৰুৱা, 'অসম বাণী'ৰ সম্পাদক হোমেন বৰগোহাঞি আৰু 'দৈনিক জনমভূমি'ৰ সম্পাদকদেৱ কুমাৰ বৰালৈ শ্ৰদ্ধা আৰু কৃতজ্ঞতাৰে এই গ্ৰন্থ উপহাৰৰূপে আগবঢ়ালো।।

বিষয়-সূচী

ভাৰতৰ শীৰ্ষস্থানীয় সাহিত্যিক আৰু সাংবাদিক
খুছৱন্ত সিঙৰ সৈতে অৰ্ণৱ জান ডেকা (১৯৯৩)

অসমৰ সৰ্বশ্ৰেষ্ঠ প্ৰাচ্যতত্ত্ববিদ ড° মহেশ্বৰ নেওগৰ সৈতে অৰ্ণৱ জান ডেকা (১৯৮৬)

জীৱনৰ সমুখৰ প্ৰত্যাহ্বানবোৰ

সামাজিক জীৱনত স্পষ্টবাদী ধ্যান-ধাৰণাৰ সমাদৰ সম্পৰ্কত মাজে মাজে প্ৰশ্নৰ উদয় হোৱাটো লক্ষ্য কৰা যায়। যদিও এনে এটা ধাৰণা দিবলে চেষ্টা কৰা হয় যে সমাজৰ প্ৰগতিৰ দিশটো প্ৰশস্ত কৰিবলে উদ্দিষ্ট লক্ষ্য সম্পৰ্কত সুস্পষ্ট ধাৰণা থকাটো অতি প্ৰয়োজনীয় কথা, কিন্তু কাৰ্যক্ষেত্ৰত এনে ধাৰণাৰ ফলপ্ৰসু সুপ্ৰয়োগৰ বাবে চলোৱা যিকোনো সৎ প্ৰচেষ্টাই গতিৰোধকৰ সন্মুখীন হোৱাৰ বাবে প্ৰস্তুত থাকিবলগীয়া হয়। গতিকে অনাহকত পণ্ডশ্ৰমৰ এটা অতিৰিক্ত সমস্যাৰ মুখামুখি নোহোৱাকৈ থকাৰ অজুহাতত সৎভাবে প্ৰচেষ্টা চলাব পৰাৰ সম্ভাৱনাকো অস্বীকাৰ কৰাৰ প্ৰৱণতা এটাই জনমানসত সম্প্ৰতি কাম কৰা দেখা গৈছে। এই ঔদাসীন্য কোনো অৰ্থতে আদৰণীয় হ'ব নোৱাৰে। সামাজিক জীৱনৰ এই স্থিতিৰ আটাইতকৈ ক্ষতিকাৰক ফলখিনি গতিশীলতাৰ পথত অন্তৰায় হৈ আহিব পাৰে। গতিশীলতা হেৰুৱাই পেলোৱা সমাজ এখন নিশ্চল, প্ৰাণহীন হৈ পৰাটো বদ্ধপৰিকৰ আৰু সেই গুণে, মৃত্যুমুখী স্থবিৰতাৰ স্পৰ্শৰ পৰা সমাজখনক মুক্ত কৰি ৰখাৰ দিশত প্ৰথম কাৰ্যসূচীয়েই হ'ব লাগিব যুক্তিবাদী আৰু আলোকসন্ধানী চিন্তা-চৰ্চাৰ ক্ষেত্ৰখনি বিস্তাৰিত কৰা।

পৰিপূৰ্ণ মানৱ জীৱন প্ৰাপ্তিৰ বাবে প্ৰথম চৰ্ত হ'ল আত্মসমালোচনাৰ বাবে সকলো সময়তে সাজু থকা। বিশ্লেষণৰ জৰিয়তে শুদ্ধ আৰু ভুল কামবোৰৰ সুস্পষ্ট বিভাজন কৰি লোৱাৰ গুৰুত্ব অপৰিসীম। কিয়নো, এনে বিশ্লেষণেহে সঠিক পথৰ সন্ধান দিয়াৰ ক্ষেত্ৰত কাৰ্যকৰী ভূমিকা ল'ব। ভুল কামক স্বীকাৰ কৰি ল'বই লাগিব আৰু তাৰ ফলাফলৰ দায়িত্ব গ্ৰহণ কৰাৰ পৰা কোনো ক্ষেত্ৰতে আঁতৰি ফুৰাটো নচলিব। কিয়নো ভুলক ভুল বুলি গ্ৰহণ নকৰাৰ অহমিকাখিনিয়েহে আমাৰ সামাজিক জীৱনৰ আটাইতকৈ গুৰুবিধৰ ক্ষতি সাধন কৰিছে। আমাৰ এটা সাধাৰণ ধাৰণা আছে যে ভুল কৰাটো স্বীকাৰ কৰি ল'লে জনমানসত হেয় হৈ পৰিব লাগে। কিন্তু মহৎ লোকৰ জীৱন অধ্যয়নে সম্পূৰ্ণ বিপৰীত ধাৰণা এটা দাঙি ধৰাহে পৰিলক্ষিত হয়। মহাত্মা গান্ধীৰ পৰা এলবাৰ্ট আইনষ্টাইনলৈকে আমাৰ সমাজৰ নমস্য ব্যক্তিসকলক মহীয়ান কৰিছে তেওঁলোকে জীৱদ্দশাতে ভুলবোৰৰ বাবে কৰা ৰাজহুৱা অনুশোচনাই।

মনীষীসকলৰ জীৱন চৰিত অধ্যয়নৰ পৰা পোৱা এটা প্রধান শিক্ষাই হ'ল যে আত্মশুদ্ধিৰ অর্থে কৰা সকলো কার্যই প্রশংসাৰ্হ। আত্মবিশ্লেষণ কিম্বা আত্মসমালোচনাৰে নিজৰ কাম-কাজৰ অসূয়া চিনাক্ত কৰি তাক সংশোধনৰ বাবে প্রয়াস কৰা কার্য মূলতঃ আত্মশুদ্ধিৰে এটা ৰূপ। সেয়েহে, এনে কামবোৰে মানুহক সৰু নকৰে। বৰঞ্চ, দহজনৰ সন্মুখত নিজৰ পৰিষ্কাৰ ভাৱমূর্তি একোটা প্রতিষ্ঠা কৰাত অপৰিসীম সাহায্য কৰাহে দেখা যায়। ইয়াৰোপৰি, আত্মশুদ্ধিয়ে বিবেকৰ ওচৰতো মানুহৰ দায়বদ্ধতা পুনৰবাৰ সোঁৱৰাই দিয়ে। বিবেকৰ ওচৰত জবাবদিহি হোৱাৰ প্রয়োজন নাথাকিলেই আত্মদংশনৰ কষ্টকৰ অভিজ্ঞতাৰ পৰাও অব্যাহতি পাব পাৰি।

জীৱনৰ প্রত্যাহ্বানৰ সন্মুখীন হোৱাৰ অন্য এক প্রস্তুতিৰ কার্যসূচী হ'ল, সততাৰ অহৰহ সন্ধান। মানুহৰ জীৱন-যাত্রা জটিল হৈ অহাৰ লগে লগে ন্যায়-অন্যায়ৰ সহজাত বিচাৰবোধ, পৰম্পৰাগত পাপবোধৰ সংস্কাৰ, পাৰস্পৰিক বিশ্বাস আৰু আস্থা, নিস্বার্থ সহযোগিতাৰ দৰে বিষয়বোৰে প্রয়োজনীয় গুৰুত্ব হেৰুৱাই আহিব ধৰাটো মন কৰিবলগীয়া কথা। আজিৰ যুগত এজনৰ কবৰৰ ওপৰতহে আনজনৰ সাফল্যৰ তাজমহল নির্মাণ হোৱাৰ দর্শনে খুব লোকপ্রিয়তা অর্জন কৰিছে, আৰু সর্বসাধাৰণৰ অৱচেতন মনে তাকেই নীতিগত যুক্তিৰে গ্রহণ কৰিবলৈ সাজু হৈছে। প্রগতিৰ পথৰ পথিকসকলৰ মানৱীয় মূল্যবোধৰ অৱক্ষয় সম্পর্কত এনে শীতলতাই আগত দিনবোৰত ঘনীভূত সংকটৰ বোজাহে কঢ়িয়াই নিব। আজিৰ প্রতিযোগিতামুখী বিশ্বখনত তীব্র ব্যৱসায়িক উত্থান-পতনৰ উদাহৰণবোৰে মানুহৰ মনত বস্তুবাদী প্রজ্ঞাৰ বীজ অতি কৌশলেৰে সিঁচি দিয়াটো অনুভৱ কৰিব পাৰি। যেতিয়া নিতান্তই বস্তুবাদী চিন্তাত আপ্লুত হৈ পৰা যায়, তেতিয়া ইয়াৰ ক্ষয়ংকাৰী প্রভাৱ সম্পর্কে চিন্তা কৰাৰ সামর্থ্যও হেৰাই যায়। তেতিয়া স্বাভাৱিকভাৱেই শঠতা, বিশ্বাসঘাতকতা, ভণ্ডামি, চাতুকার্য আদি কাৰকৰ সাহায্যত জীৱনৰ পথত অগ্রসৰ হোৱাৰ সম্ভাৱনাই মানুহক আকৃষ্ট কৰিবলৈ সমর্থ হয়। কাৰণ, এনেবোৰ সুবিধাবাদী কার্যকলাপক নিজৰ চৰিত্রত খাপ খুৱাই ল'ব পাৰিলে পার্থিৱ উন্নতিৰ পথটো খুবেই প্রশস্ত আৰু মুকলি যেন বোধ হ'ব। কিন্তু এনে স্থূলবুদ্ধিৰ প্রয়োগে যে সমগ্র মানুহ প্রজাতিটোকে যন্ত্রৱৎ কৰি তুলিব পাৰে, কালৰ এই বিচিত্র খেলখন অনুভৱ কৰা শক্তিৰ খুবেই অভাৱ পৰিলক্ষিত হয়। বিবেকৰ আদালতৰ মুখামুখি হোৱাৰ বাবে এইবোৰ কাহানিও প্রকৃষ্ট অৱলম্বন বুলি বিবেচিত নহ'ব।

আমি কৰা কামৰ গ্রহণযোগ্য অজুহাত আৰু ব্যাখ্যা দাঙি ধৰাকে সাধাৰণতে

সততা বুলি বিবেচনা কৰা হয়। গতিকে সৎ বুলি দাবী কৰিব খোজাসকলে পোনতে নিজৰ ওচৰতে দায়বদ্ধ হ'ব লাগিব। নতুন কার্যসূচী হাতত লোৱা পৰতেই মুখামুখি হ'ব লগা প্ৰশ্নকেইটা হ'ল— (ক) আমি কামটো কিয় কৰিম? (খ) তাৰ পৰা কাৰ কি লাভ আৰু কাৰ কি ক্ষতি হ'ব? (গ) আমাৰ ব্যক্তিগত জীৱনত সামগ্রিকভাৱে ইয়াৰ প্রভাৱ কি হ'ব? (ঘ) সমাজখনৰ সামগ্রিক প্রগতিত ই কেনেদৰে অৰিহণা যোগাব? — এইকেইটা প্রশ্নৰ যদি বিবেকক প্রত্যয় নিয়াব পৰা সদুত্তৰ আমাৰ হাতত থাকে, তেন্তে আমি নিশ্চিন্ত মনে সৎ কাম এটাত ধৰিছো বুলি আত্মসন্তুষ্টিৰে কর্তব্য পথত আগবাঢ়ি যাব পাৰিম।

বস্তুবাদী পৃথিৱীখনত মানুহৰ সহজাত হৃদয়তা, আন্তৰিকতাৰ প্রাসংগিকতা যেন ক্রমাৎ হেৰাই গৈছে আৰু তাৰ ঠাই অধিকাৰ কৰি ল'ব ধৰিছে ভণ্ডামি বোলা এক আধুনিক চৰিত্রই। ৰাজনীতিকসকলে কুটনীতিৰ পর্যায়ত ব্যৱহাৰ কৰা ভণ্ডামিকো আমি একে চৰিত্ৰৰে দ্বিতীয় প্রতিৰূপ বুলি বিবেচনা কৰিব পাৰো। সামাজিক জীৱনত এই ভণ্ডামি অপৰিহার্য বুলি বিবেচনা কৰিব ধৰা ক্ষতিকৰ প্রৱণতা এটাই ক্রমশঃ গা কৰি উঠাটো পৰিলক্ষিত হয়। সমাজৰ প্রতিজন ব্যক্তিয়ে মনৰ এন্ধাৰ দিশবোৰক ঢাকি ৰাখি পোহৰৰ ফালটোহে প্রদর্শন কৰিব বিচৰাৰ প্রৱণতাটো নতুন নহয়। সেই দিশটোৰ চিনাকিকে তেওঁ নিজৰ সমগ্র ব্যক্তি পৰিচয় বুলি প্রতিষ্ঠা কৰিবলৈ নিৰলস চেষ্টা চলাই যায়। সমাজেও মোটামুটিভাৱে এই পৰম্পৰাক স্বীকাৰ তথা গ্রহণ কৰিবলৈ যোৱাৰ ফলতেই এই ভণ্ড চৰিত্রসমূহে সামাজিক জীৱনত গুৰুত্বপূর্ণ আসন গ্রহণ কৰিবলৈ সমর্থ হয়। সামাজিক জীৱন কলুষিত হৈ পৰাৰ মূলতঃ এয়েই কাৰণ।

এটা প্রশ্ন উঠিব পাৰে ঃ ব্যক্তিগত সুখ তথা আত্মপ্রসাদ লাভৰ বাবে কোনোবাই ভণ্ডামিৰ আশ্রয় ল'ব পাৰে। ই মানুহৰ মৌলিক অধিকাৰৰ ভিতৰুৱা ব্যক্তিগত বিষয়। তাৰ ওপৰত লেকাম ধৰিবলৈ সমাজৰ কি নো অধিকাৰ থাকিব পাৰেহ — কিন্তু এইখিনিতে প্রশ্নটো সমাপ্ত হোৱাটো উচিত নহয়। পৰিপূৰক কেবাটাও প্রশ্ন এইখিনিতে উত্থাপিত হ'ব লাগিব। এই ভণ্ডামিৰ সাহায্যতে কোনোবাই নিজকে ন্যায়শীল আৰু নিকা ভাবমূর্তিৰ ব্যক্তি বুলি সমাজ জীৱনত প্রতিষ্ঠা কৰাৰ চেষ্টা কৰিব পাৰে নেকি? অথবা, নিজৰ ভণ্ডামিৰ সহায়েৰে কিছুমান কাম সমাধান কৰাত কৃতকার্য হোৱা বাবে অন্যান্য ক্ষেত্রত চকুত পৰা ভণ্ডামি, যি অপকর্মৰ তুল্য, তাৰ প্রতিবাদ কৰাৰ বাবে অসমর্থ হৈ ৰ'ব নেকি? —এই দুয়োটাই সম্ভৱ। সচেতনভাৱে কোনেও অপকর্মত প্রবৃত্ত হোৱাটো স্বীকাৰ কৰিব নোখোজে। অথচ আমি জানো যে

আমি কোনেও পোনেই দেৱলোকৰ পৰা এই পৃথিৱীত অৱতৰণ কৰা নাই। ছটা ৰিপুৱে সততে আমাৰ সমগ্ৰ ব্যক্তিত্বক শাসনত ৰাখিবলৈ চেষ্টা কৰে আৰু কোনো কোনো দুৰ্বল মুহূৰ্তত সিহঁত নিজৰ অভিযানত সফলকাম হৈ পৰে। গতিকে, জীৱনত কোনো ভুল নকৰা নিষ্ঠাবান, মহৎ ব্যক্তি বুলি কোনোবাই নিজৰ চিনাকি দিবলৈ যোৱাটো এক স্থুল কৌতুক বুলি গ্ৰহণ কৰি থ'ব পৰা যায়।

তেন্তে, ইয়াৰ পৰা পৰিত্ৰাণৰ উপায় নো কেনে ধৰণৰ হ'ব পাৰে বুলি প্ৰশ্ন উঠিবই। এই প্ৰশ্নৰ উত্তৰত আমি সবিনয়ে মহাত্মা গান্ধীৰ 'সত্যৰ সৈতে পৰীক্ষা-নিৰীক্ষা'লৈ পাঠকৰ মনোযোগ আকৃষ্ট কৰিবলৈ চেষ্টা কৰিম। তাত নিজক নিৰ্মম আৰু নিৰ্মোহভাৱে বিশ্লেষণ কৰি দেখুওৱা বাবেই হয়তো মহাত্মা মানৱৰ পৰা মহামানৱলৈ উত্তীৰ্ণ হৈছিল। মহাপুৰুষ মাধৱদেৱেও কৈ গৈছে— 'আত্মৰক্ষাৰ ব্যৱস্থা নৰখাকৈ মুকলি পথাৰত অকলশৰে যুঁজিব পৰাজনহে মহাৰথী।' গতিকে, ভগৱানৰ গৰাহত নিজক এৰি নিদিবলৈ প্ৰতিজ্ঞা কৰাসকলে আত্মবিশ্লেষণ কৰিবলৈ শিকিব লাগিব। ইয়াৰ দ্বাৰা, তেওঁ ভাল নে বেয়া মানুহ তাক প্ৰমাণ কৰা সম্ভৱ নহ'লেও অন্ততঃ, তেওঁ যে সৎ, —সি সহজেই প্ৰতীয়মান হৈ পৰিব। আজিৰ সমাজ জীৱনলৈ অহা প্ৰত্যাহ্বানৰ মুখামুখি হোৱাৰ এইবোৰেই মুখ্য আহিলা বুলি মই দৃঢ়ভাৱে বিশ্বাস কৰোঁ।

দৈনিক জনমভূমি ঃ ২০ মাৰ্চ ১৯৯০ (সম্পাদক ঃ যতীন্দ্ৰ কুমাৰ বৰগোহাঞিও)

অসম বাণী ঃ ১৭ জুন ১৯৯৪ (সম্পাদক ঃ হোমেন বৰগোহাঞিও)

গুৱাহাটী অনাতাঁৰ কেন্দ্ৰত অনুষ্ঠান পৰিৱেশন কৰা অৱস্থাত অন্যান্য অংশগ্ৰহণকাৰীৰ সৈতে অৰ্ণৱ জান ডেকা (১৯৮১)

যুৱ সমাজত নীতি আৰু আদৰ্শবাদৰ প্ৰয়োজনীয়তা

মানৱীয় প্ৰমূল্যসমূহৰ নতুন মূল্যায়নৰ প্ৰচেষ্টাৰে সম্প্ৰতি সমগ্ৰ পৃথিৱীৰে সামাজিক ৰূপটোৰে এটা ভিন্ন ব্যক্তিত্ব লাভ কৰাৰ পথত অগ্ৰসৰ হৈছে বুলি ক'ব পাৰি। মনত ৰাখিব লাগিব যে একবিংশ শতাব্দীৰ দুৱাৰডলি গৰকিব লওঁতে আগমন ঘটা এই নতুন ব্যক্তিত্ব ৰেঙণিক জীপ দি প্ৰোজ্জ্বল কৰি আগত শতিকাটোক ন ন ৰহণেৰে সজোৱাৰ সমস্ত দায়িত্ব পৃথিৱীৰ নতুন বাসিন্দাসৱৰ ওপৰতহে পৰিব। প্ৰাচীন বস্তুবাদী ধাৰণাখিনিৰ সংস্কাৰ সাধন কৰি মানৱীয় মূল্যবোধৰ পুনৰোথানত গুৰুত্বপূৰ্ণ ভূমিকা গ্ৰহণ কৰিব লগা এই ভৱিষ্যতৰ নাগৰিকসকল ওলাই আহিব আজিৰ নতুন পুৰুষৰ পৰা। এইটো প্ৰেক্ষাপটত, সাম্ভাব্য দায়িত্বৰ গধুৰ বোজা চন্তালিবলৈ নতুন পুৰুষৰ ছামটোনো কেনেদৰে সাজু হৈছে, তাক গভীৰভাৱে চিন্তা কৰিবৰ হ'ল।

এনে বিষয়ত আলচ আগবঢ়োৱাৰ যোগ্যতা সম্পৰ্কত উথিত হ'ব লগা যিকোনো সন্দেহ নিৰসনৰ হকে এই নতুন ছামটোৰ পৰিচয়েই যে আমাৰো ব্যক্তিগত পৰিচয়, তাক পোনতেই সবিনয়ে আঙুলিয়াই দি লৈছো। আমাৰ সততে অনুভৱ হয়, মানৱীয় প্ৰমূল্যগত ভেঁটিটোৰ পুনৰ্নিৰ্মাণৰ এই গুৰুত্বপূৰ্ণ সন্ধিক্ষণত আহি থকা গধুৰ দায়িত্বৰ প্ৰতি আজিৰ যুৱ সমাজখন যেন প্ৰয়োজন অনুসাৰে সজাগ নহয়। তৰল চিন্তা আৰু কোনো বিশিষ্ট আদৰ্শবিহীন, বিক্ষিপ্ত, উদ্দেশ্যহীন বৰ্তমান একোটাকে লৈ তৃপ্ত হৈ থকাৰ লক্ষণ প্ৰকাশ কৰা যুৱ ছামটোৰ সংস্কাৰাচ্ছন্ন মনবোৰ পৰিশোধিত কৰিব পৰাকৈ সামাজিক পৰিৱেশ এটা গঢ় লৈ উঠা নাই। ইয়াৰ কাৰণ হ'ব পাৰে, পুৰণি ছামটোৰ মাজত সম্প্ৰতি আহি পৰা প্ৰাচীন পৰম্পৰা আৰু নতুন মূল্যবোধৰ সংঘাত আৰু ই কঢ়িয়াই অনা দ্বিধাগ্ৰস্ততা। পূৰ্ব প্ৰচলিত বস্তুবাদী ধাৰণাবোৰৰ ভেঁটিত কম্পন অহা বাবে প্ৰবীণ ছামো দিশহাৰা হৈ পৰা গুণে তেওঁলোকে নবীন ছামৰ বাবে নতুন ভেঁটি গঢ়াৰ যোগ্যতাও হেৰুৱাই পেলাইছে বুলি তেওঁলোকৰ ধাৰণা হৈছে নেকি, এই সম্পৰ্কতো সন্দেহ নিৰসন কৰি লোৱাৰ প্ৰয়োজন আছে। প্ৰাচীন আৰু নবীনৰ মাজৰ আজিৰ এই সংঘাতক কোনো বিশেষ দেশ বা জাতিৰ ঘটনা হিচাপে বিক্ষিপ্তকে চাব নোৱাৰি। অথচ, ভাৰতৰ দৰে উন্নয়নশীল দেশবোৰৰ বিশেষ

পৰিস্থিতিলৈ চাই একক হিচাপেও কিছু বিষয়লৈ আঙুলিয়াই দিব পাৰি। কিয়নো, প্ৰচুৰ সন্তোগ আৰু প্ৰাচুৰ্যই পশ্চিমীয়া দেশবোৰৰ নতুন পুৰুষক কিছু পৰিমাণে ভোগী আৰু সংগ্ৰাম শক্তিহীন হিচাপে গঢ়ি তোলাৰ বিপৰীতে ভাৰতবৰ্ষৰ দৰে দেশত সৰ্বসাধাৰণৰ জীৱন এতিয়াও সংগ্ৰামপূৰ্ণ আৰু উন্নতিৰ স্বপ্নৰে বিধৌত হৈ আছে। ই এটা গুৰুত্বপূৰ্ণ ইতিবাচক দিশ। উপযুক্তভাৱে এই দিশটোক নিয়ন্ত্ৰণ আৰু ব্যৱহাৰ কৰিব পাৰিলে পশ্চিমীয়া দেশতকৈ ভাৰতৰ দৰে ৰাষ্ট্ৰই সামগ্ৰিকভাৱে অহাটো শতিকাত বেছি ভাল ফল দেখুৱাব পাৰিব বুলি আশা কৰিব পাৰি। সেই কাৰণে আজিৰ আলোচনাটো উন্নতিকামী ৰাষ্ট্ৰসমূহৰ নতুন পুৰুষৰ গোটটোৰ মাজতে সীমাবদ্ধ ৰখাৰ প্ৰয়াস কৰা হৈছে।

উচ্চকাংক্ষাৰ মধ্যবিত্তীয় গণ্ডীটোলৈ সতৰ্ক দৃষ্টি নিক্ষেপ কৰিলে এই কথা স্পষ্ট হৈ যায় যে আজিৰ নতুন পুৰুষৰ অন্তিম লক্ষ্য স্বচ্ছল আৰ্থিক সংস্থান বিচাৰি লোৱাত নিৰ্দিষ্ট হৈ থাকে। যেন মানৱ জীৱনৰ গভীৰতাখিনিক বস্তুতাত্ত্বিক চিন্তা ভাৱনাইহে নিয়ন্ত্ৰণ কৰে। সাধনাত সিদ্ধিৰ মাপকাঠি বৃত্তিত সফলতা অৰ্জন কৰা কৃতিত্বখিনিৰ ওপৰত নিৰ্ধাৰিত হৈ থাকে। এই দৃষ্টিভংগীয়ে ক্ৰমাৎ ঠেক কৰি অনা চিন্তাৰ পৰিধিৰ গ্ৰাসৰ পৰা যুৱ মনক মুক্ত কৰি বস্তুমুখী জীৱনবোধৰ উৰ্দ্ধৰ মানৱীয় মূল্যবোধৰ সৈতে পৰিচিত কৰোৱাৰ প্ৰয়োজন আহি পৰিছে। মধ্যবিত্তীয় জীৱন আৰু ধাৰণাৰ পৰম্পৰাৰ পৰা যুৱ মনক নতুন পদ্ধতিগত কৌশলেৰে মুক্ত কৰিব লাগিব। অন্যথাই স্বচ্ছল সংস্থান বিচাৰি পোৱাসকলে অৰ্থহীন সুখ-সন্তোগৰ মাজতে নিজকে এৰি দি জীৱনৰ প্ৰকৃত প্ৰয়োজনীয়তা সমূহক উলাই কৰি মানৱ জীৱনৰ আচল মৰ্মকে উলংঘা কৰি যাব, আৰু উপযুক্ত সংস্থান মনে বিচৰামতে নোপোৱাসকলে হতাশজড়িত ক্ৰোধত দিশহাৰা হৈ পৰি জীৱনৰ সুন্দৰতাক পৰ্যবেক্ষণ কৰিব পৰা সুকুমাৰ মনটো হেৰুৱাই পেলাব। এই দুয়োটা দিশৰ ক্ষতিকাৰক স্বৰূপ উপলব্ধি কৰি তেওঁলোকক উচিত পথৰ সন্ধান দিব পৰা বৌদ্ধিক নেতৃত্ব এটানো নতুন ছামটোৰ পৰা কেতিয়া ওলাই আহিব, তাকে আমি বাট চাই থাকিম।

কিন্তু আমাৰ নিজৰ অভিজ্ঞতাই শিকোৱা কথা দুটামান এইখিনিতে উন্মুকিয়াই থ'ব বিচাৰিছো। আমি সবিস্ময়ে লক্ষ্য কৰিছো যে বিশেষ কোনো নীতি বা আদৰ্শ বিষয়ক গ্ৰন্থ অধ্যয়নৰ প্ৰতি অগ্ৰজ ছামেও সম্প্ৰতি তীব্ৰ অনিহা প্ৰকাশ কৰিবলৈ লৈছে। ইয়াৰ সলনি মনোৰঞ্জক আৰু চিত্তবিনোদক বিষয়বোৰহে এতিয়া সৰ্বাধিক চৰ্চিত হয়। নিতান্তই বিদ্যায়তনিক অধ্যয়নকো আমি এই পৰ্যায়তে ৰাখি থ'ব খোজো।

কিয়নো, পৰীক্ষামূলক লক্ষ্য এটা নহ'লে এই বিদ্যায়তনিক অধ্যয়নৰ পৰিৱেশ এটাও থাকিলহেঁতেন বুলিব নোৱাৰি। ইয়াৰ সমৰ্থনত দিব পৰা সাৰ্থক যুক্তিটো হ'ল যে বিদ্যায়তনিক শিক্ষাই সেই নিৰ্দিষ্ট দিশত সৃজনশীল কাম-কাজ কৰা ক্ষেত্ৰখনতো প্রভাৱ পেলাবলৈ সক্ষম হোৱা নাই। গভীৰ তাত্ত্বিক দৰ্শনৰ সৃষ্টিশীল চিন্তাৰ এই দৈন্য অৱস্থাটো দৰাচলতে আহিছে আমি আগেয়েই উল্লেখ কৰি অহা বিষয়ক গ্রন্থৰ অধ্যয়নৰ প্রতি স্পৃহা হেৰুৱাই পেলোৱা মানসিকতাৰ পৰা।

নতুনকৈ সমাজৰ বিৱৰ্তনৰ ধাৰাটো সতৰ্কতাৰে লক্ষ্য কৰিবলৈ হ'লে ইয়াৰ ইতিহাসলৈয়ো সযতনে দৃষ্টি দিব লাগিব। আগত দিনবোৰৰ দাবীৰ সন্মুখীন হ'বলৈ হ'লে নতুন তত্ত্বৰ উদ্ভাৱন হ'বই লাগিব, যি আগত পুৰুষৰ বাবে দিকদৰ্শকৰ ভূমিকা ল'ব। কিন্তু এই নতুন তত্ত্ব তথা দৰ্শন সৃষ্টিৰ প্রত্যাহ্বানৰ সন্মুখীন হ'বলৈ যথোপযুক্ত ইতিহাস জ্ঞানেৰে সমৃদ্ধ নেতৃত্ব ওলাই আহিব বুলি নতুন ছামটোৰ পৰা আশা কৰিব পৰা অৱস্থা এটা এতিয়াও অহা নাই। সেয়েহে, আৰু পলম হোৱাৰ আগেয়ে, পৃথিৱীৰ বিভিন্ন প্রান্তত উদ্ভাসিত হোৱা যুগান্তকাৰী মতবাদ, আদৰ্শ আৰু দাৰ্শনিক চিন্তাসমূহৰ লিখিত ৰূপ আজিৰ যুৱ সমাজে অধ্যয়ন কৰিব লাগে বুলি আমি বিবেচনা কৰো।

আন এটা লক্ষণীয় বিষয় হ'ল, আজিৰ যুৱ সমাজৰ মাজত লোকপ্রিয়তা অৰ্জন কৰা ৰাজনীতিৰ নিতান্তই চালুকীয়া, অপৰিশীলিত ধাৰণা এটা। ৰাজনীতি বিষয়ক কোনো গুৰুত্বপূৰ্ণ বৌদ্ধিক স্থিতি লাভৰ চিন্তা নকৰাকেয়ে সুবিধাবাদৰ একলেখীয়া ৰাজনীতিত নিজকে জড়িত কৰিব পৰাটো আজিকালি বহুক্ষেত্রত মৰ্যাদাসূচক চিহ্ন বুলি বিবেচিত হয়। আটাইতকৈ ক্ষতিকৰ কথাটো হ'ল, বহুতে ৰাজনীতিকো এক প্রকাৰ জীৱিকা বুলি ভবা আৰম্ভ কৰিছে।

ৰাজনৈতিক কোনো দৰ্শন বা আদৰ্শৰ সৈতে চিনাকি নোহোৱাকৈ ভাওনাত চং দিবলৈ যোৱাৰ প্রৱণতাই ক্রমাৎ প্রগতিশীল দেশবোৰৰ যুৱছামক এনেদৰে সুবিধাবাদী স্থিতি লোৱা কাৰ্যৰ প্রতি প্রৱোচিত কৰিব ধৰিছে যে এসময়ত যেতিয়া সঁচা ৰাজনীতিজ্ঞৰ শৌৰ্যৰে প্রকৃত অধ্যয়ন পুষ্ট, জনতাৰ নাড়ী-নক্ষত্র বুজিব পৰা নেতৃত্বৰ স্বাভাৱিক প্রয়োজনীয়তা আহিব পাৰিব, এইটো যুৱছামৰ পৰা তেনে নেতৃত্ব ওলোৱাৰ সম্ভাৱনা ক্রমাৎ ক্ষীণ হৈ আহিছে। আমাৰ সমগ্র জাতীয় জীৱনতে এই সাংঘাতিক প্রত্যাহ্বানৰ সন্মুখীন হ'ব পৰা তৎপৰতা এই মুহূৰ্তলৈকে চকুত পৰা নাই। একবিংশ শতিকাৰ দাবীৰ মুখামুখি হৈ যাতে নতুন পৃথিৱীৰ বাসিন্দাসকলে নিজকে পুনৰ এখন পুৰণি

পৃথিৱীতে আৱিষ্কাৰ নকৰে, তাৰ বাবে এতিয়াই চিন্তা কৰাই নহয়, কামতো ধৰিব লাগিব।

থূলমূল আলচ একোটাৰ মাজেৰে সমাধান উলিয়াব পৰাৰ ধৃষ্টতা এনেকুৱা জৰুৰী তথা গুৰুত্বপূৰ্ণ বিষয়ত কোনেও দেখুৱাব নোৱাৰে বুলি আমি ন দি ক'ব পাৰো। ইয়াৰ বাবে লাগিব দীৰ্ঘকালীন সাধনা, প্ৰস্তুতি আৰু পৰিৱৰ্তনশীল পৰিস্থিতিৰ প্ৰতি তীক্ষ্ণ পৰ্যবেক্ষণৰ স্পৃহা। একে সময়তে, প্ৰচলিত ধাৰণা আৰু দৰ্শনৰ সম্যক অধ্যয়ন জ্ঞানেৰে বাস্তৱ জীৱনত লাভ কৰা অভিজ্ঞতাসমূহক ৰিজাই চাই এই সম্পৰ্কত নিজস্ব মতামত একোটাকো গঢ় দিয়াৰ মানসিকতা গঢ়ি তুলিব লাগিব।

লগতে, দাৰ্শনিক ধাৰণাবোৰৰ অসূয়াসমূহ চিনাক্ত কৰি আগত শতিকাত এই ধাৰণাবোৰ কিমানদূৰ প্ৰাসংগিক হৈ থাকিব, সেই কথাৰো মূল্যায়ন কৰি সিবোৰৰ গ্ৰহণযোগ্যতা নিৰ্দ্ধাৰণ কৰিব লাগিব।

সত্তীয়া আৱেগৰ ডোলাত উঠি কৰিব পৰা কাম বুলি যাতে কোনেও উপৰোক্ত কথাখিনিক বিবেচনা নকৰে, তাক পুনৰবাৰ সোঁৱৰাই দি থ'ব খুজিছো। নতুন যুগৰ প্ৰত্যাহ্বানৰ মুখামুখি হ'বলৈ প্ৰস্তুত হোৱাৰ কোনো চমু পথ নাই। সময় থাকোতেই সেয়েহে নতুন পুৰুষে তেওঁলোকৰ নীতি আৰু আদৰ্শবাদৰ প্ৰশ্নত নিজকে শেষবাৰলৈ জৱাবদিহি কৰাৰ প্ৰয়োজন আহি পৰিছে। কাৰণ, শ্ৰেষ্ঠজনহে বাচি থাকিব পৰা এই নতুন যুগত নিজত্বৰ ভেঁটিত সপোন ৰচোতাজনকহে সমাজে গ্ৰহণ কৰিব।

দৈনিক জনমভূমি ঃ ৭ মাৰ্চ ১৯৯০ (সম্পাদক ঃ যতীন্দ্ৰ কুমাৰ বৰগোহাঞিও)

অসমৰ শীৰ্ষস্থানীয় কবি ড° নিৰ্মলপ্ৰভা বৰদলৈ
আৰু বিখ্যাত পাঞ্জাৰী কবি ড° হৰৱজন সিঙৰ সৈতে অৰ্ণৱ জান ডেকা (১৯৮৬)

সুস্থ সামাজিক পৰিৱেশ গঢ়াত
যুৱ সমাজৰ ভূমিকা

মানৱ সভ্যতাই প্ৰগতিৰ জখলাত বগাবলৈ আৰম্ভ কৰাৰ লগে লগে শৃংখলাবদ্ধতাৰ সেতেও সম্যক পৰিচয় হোৱাটো উচিত আছিল যদিও বহুক্ষেত্ৰত আজিকালিও এই দিশত সমাজখন অপৰিপক্ক যেন ধাৰণা হয়। সমাজ বিজ্ঞানৰ সূত্ৰসমূহে আমাক শিকায় যে বিজ্ঞান আৰু শিক্ষাৰ পোহৰ পোৱাৰ লগে লগে মানুহৰ মনবোৰ কুসংস্কাৰ আৰু অন্ধবিশ্বাসৰ কুহেলিকা ফাঁলি নতুন দিগন্ত অভিমুখে প্ৰসাৰিত দৃষ্টিৰে ওলাই আহে। সেই পোহৰে সমতা আৰু ভাতৃত্ৱবোধৰ নতুন জ্ঞানেৰে সমৃদ্ধ মানৱ প্ৰজাতি এটাক গঢ় দিয়ে। ফলত জন্ম হয় শৃংখলাবোধৰ। সমাজৰ ব্যক্তিগত অভিব্যক্তিয়েও নতুন ভাবমূৰ্তি পৰিগ্ৰহণ কৰে। আগৰ কালছোৱাত চলি অহা অন্যায়, অনীতি, অশিষ্টাচাৰ, অসংযত কাৰ্যকলাপ আদিৰো ওৰ পৰে। শিক্ষিত মানৱে অশিক্ষাৰ অন্ধকাৰত থকা প্ৰাণীবোৰৰ দৰে অস্বাভাৱিক আচৰণ কৰিব নোৱাৰে।

কিন্তু আমি জানোঁ, সমাজ বিজ্ঞানে নিতান্ত একাডেমিক অধ্যয়নৰ ভেটিত আগবঢ়োৱা এই সূত্ৰসমূহ বাস্তৱক্ষেত্ৰত সততে সংগতিপূৰ্ণ নহয়। মানৱ সমাজ আজি একবিংশ শতিকাৰ দুৱাৰদলিত থিয় হৈ নিজকে সভ্য আৰু শিক্ষিত বুলি পৰিচয় দিব পৰা হৈছে ঠিকেই। কিন্তু, সমাজখন শৃংখলিত আৰু ইয়াত সুস্থ পৰিৱেশ অব্যাহত ৰূপত বিৰাজ কৰিছে বুলি ন দি ক'ব পৰা এতিয়াও হোৱা নাই। সমাজৰ এই দ্ৱৰ্থক ভূমিকা ভাৰতবৰ্ষৰ দৰে উন্নয়নশীল দেশত অধিক প্ৰকট যেন আমাৰ ধাৰণা হয়। উন্নয়নৰ সম্ভাৱনা আৰু দাৰিদ্ৰ-পীড়াত সমানে আক্ৰান্ত ভাৰতবাসী যেন সুস্থ সমাজ এখন গঢ় দিয়াৰ ক্ষেত্ৰত এতিয়াও অস্বচ্ছ দৃষ্টিভংগীত আক্ৰান্ত;— এনে ধাৰণাই আমাক সততে আমনি কৰে। দ্বিধাগ্ৰস্ত মানসিকতাৰে গঠিত সমাজখনৰ নৈতিক ভেটি থুনুকা হোৱাৰ সম্ভাৱনা খুবেই প্ৰবল। এই কাৰকটোৰে ভাৰতবৰ্ষৰ দৰে উন্নয়নশীল দেশবোৰত পূৰ্ণোদ্যমে কাম কৰি আছে।

উন্নয়নশীল দেশবোৰৰ প্ৰধান সমস্যা হৈছে ক্ৰমবৰ্ধমান কৰ্মক্ষম লোকসংখ্যাক উপযুক্ত হাৰত কৰ্মসংস্থান আগবঢ়াব নোৱাৰাটো। অন্যান্য কিছু উল্লেখনীয় সমস্যা

হ'ল— উচ্চ পৰ্যায়ত চলা ব্যাপক দুৰ্নীতি, জনসাধাৰণক প্ৰাথমিক সা-সুবিধাখিনিৰ যোগাৰ কৰি দিব নোৱাৰা, স্বনিয়োজনৰ জৰিয়তে ধন আৰ্জনৰ সহজ পথৰ দুৰ্লভতা, ব্যক্তিগত আকাংক্ষাক বাস্তৱত ৰূপ দিয়াৰ ক্ষেত্ৰত অপাৰগতা, ইত্যাদি। ইয়াৰ ফলত আহি পৰা হতাশা আৰু উদ্বেগৰ উপশম ঘটোৱাৰ বাবে উপযুক্ত খণ্ডৰ পৰা উপযুক্ত সময়ত উপযুক্ত প্ৰতিবিধান আগবাঢ়ি নাহে। ফলত সৃষ্টি হয় দায়িত্বশীল নাগৰিকৰ বিপৰীতে কিছু অসামাজিক লোকৰ, যিসকলে সমাজত বিশৃংখলতা সৃষ্টিৰ জৰিয়তে মুনাফা আদায় কৰাৰ এক ক্ষয়ংকৰী প্ৰচেষ্টা চলাই যায়। এইসকল লোকৰ সৃষ্টিত সমাজৰ এছাম নেতৃস্থানীয় লোকৰো কিছু অৱদান থাকে বুলি আমি জানি আহিছো। এনেদৰেই সমাজৰ পৰিৱেশটো ক্ৰমাৎ অস্বাস্থ্যকৰ হৈ পৰে। ইয়াত আমি দৈহিক স্বাস্থ্যৰ সলনি মানসিক স্বাস্থ্যৰ ওপৰত গুৰুত্ব আৰোপ কৰিছো।

এনেদৰেই অসুস্থ সমাজ এখন গঢ় ল'ব ধৰে। লগতে অনুঘটকৰূপে কাম কৰে অস্বাস্থ্যকৰ পৰিৱেশ বিস্তাৰিত হ'লে তাৰ আলম লৈ নিজকে সমৃদ্ধ কৰাৰ আশাত ৰৈ থকা কিছু কাৰকে। গতিকে, দূষিত হৈ পৰে সমগ্ৰ সমাজ। সমাজৰ কোনো এক অংগই এই প্ৰক্ৰিয়াটোৰ পৰা বিচ্ছিন্ন হৈ ৰ'ব নোৱাৰে। ক্ৰমান্বয়ে শিক্ষাজগতকে ধৰি অতি গুৰুত্বপূৰ্ণ সামাজিক অংগসমূহো ইয়াৰ দ্বাৰা আক্ৰান্ত হৈ পৰে। যিহেতু, সমাজখনক আগত দিনবোৰত পৰিচালনা কৰিব লগা যোগ্যজনক প্ৰচলিত শিক্ষা ব্যৱস্থাটোৰেই গঢ় দি তৈয়াৰ কৰিব, সেয়েহে শিক্ষা জগতৰ পৰিৱেশ দূষিত হৈ পৰাটো গোটেই সমাজখনৰ বাবেই এক অশুভ বতৰা। তেনেদৰে, অন্যান্য ক্ষেত্ৰবোৰৰ গুৰুত্বকো লঘুকৈ চোৱাৰ উপায় নাই। মুঠ কথাত, সমাজখন দূষিত হ'লে সকলো ফালৰ পৰাই পংগু হৈ আহে। এই পংগুত্বৰ পৰা সমাজখনক ৰক্ষা কৰিবলৈ হ'লে কিছু কাৰ্যকৰী ব্যৱস্থা গ্ৰহণৰ প্ৰয়োজন।

এতিয়া কথা হ'ল, মেকুৰীৰ ডিঙিত টিলিঙানো আঁৰিব কোনে? সমাজখনক দূষিত কৰি পেলোৱাৰ ক্ষেত্ৰত অগ্ৰজসকলৰ দায়বদ্ধতাই সৰ্বাধিক। তেওঁলোকে অনুজসকলক যথোচিত শাসন আৰু শৃংখলাৰ মাজেৰে গঢ় দিলে সমাজত অসুস্থ পৰিৱেশ এটা নিশ্চয় ৰচিত নহ'লহেঁতেন। যিহেতু উপযুক্ত সময়ত উপযুক্ত প্ৰতিবিধান হাতত লোৱা নহ'ল, সমস্যাটো তেওঁলোকৰ আয়ত্বৰ বাহিৰলৈ গুচি গ'ল। সেয়েহে, এই ক্ষেত্ৰত অগ্ৰজসকলে সমাধান আগবঢ়াব বুলি আশা নকৰি নতুন পুৰুষে হাতে-কামে আগবাঢ়ি আহিব লাগিব। তেতিয়াহে সমাজখনক সম্পূৰ্ণভাৱে অধঃপাতে যোৱাৰ পৰা ৰক্ষা কৰিব পৰা যাব বুলি আমাৰ দৃঢ় ধাৰণা।

এইক্ষেত্রত যুৱ সমাজৰ কৰণীয় কামবোৰ হ'ব এনেধৰণৰ ঃ তেওঁলোকে সমাজখন দূষিত হৈ পৰা কাৰকবোৰ চিনাক্ত কৰিব লাগিব। তাৰ পাছত এই কাৰকসমূহৰ সৃষ্টিত অৱিহণা যোগোৱা হেতু সমূহ নির্দ্ধাৰণ কৰাৰ লগতে সমাজৰ যিসকল লোকে তাত আগভাগ লৈ আহিছে, সেইসকলকো বিচাৰি উলিয়াব লাগিব। তাৰ পাছত, এইবোৰ নির্মূলৰ বাবে এক দীর্ঘম্যাদী, ফলপ্রসূ কার্যসূচী গ্রহণ কৰিব লাগিব। এই আঁচনি সম্পূর্ণভাৱে নির্মোহ আৰু নিৰপেক্ষ হোৱাটো অতি গুৰুত্বপূর্ণ কথা। লগতে মনত ৰাখিব লাগিব যে বৃহত্তৰ দৃষ্টিভংগীক সমুখত ৰাখিহে এই কার্যসূচী হাতত লোৱা হৈছে। তাৎক্ষণিক সমাধান আগবঢ়োৱাৰ জোখাৰে সম্পদ এই কার্যসূচীয়ে প্রদান কৰিব নোৱাৰিব পাৰে। কিন্তু, এই ক্ষেত্রত হতাশগ্রস্ত হোৱাৰ কোনো প্রয়োজন নাই। সামগ্রিক বিচাৰত এই কার্যসূচীয়ে ৰুচিবোধক কোনটো স্তৰলৈ উত্তীর্ণ কৰিলে, সেইটোৰেই মূল বিবেচ্য বিষয় হোৱা উচিত। নৈতিক প্রমূল্যসমূহকনো কেনেদৰে বিশ্লেষণ কৰা হ'ল, সেই দিশটোৰেও শেষ পর্যায়ত গুৰুত্ব বহন কৰিব। মূল কথা হ'ল, কিমানখিনি সততাৰে এই কার্যসূচীৰ আয়োজকসকলে তেওঁলোকৰ কর্তব্য সম্পাদন কৰিলে, সেই কথাটোৰেহে সর্বাধিক গুৰুত্ব লাভ কৰা উচিত। এইখিনি কথাৰ প্রতি লক্ষ্য ৰাখি উদ্দিষ্ট পথত আগবাঢ়ি গ'লে সফলতাই সহজে ধৰা দিবহি বুলি নিশ্চিত হ'ব পাৰি।

কাম কৰাৰ প্রণালী সম্পর্কে আলোচনা কৰিবলৈ লৈ আমি সমাজৰ বিবেকস্বৰূপ শিক্ষানুষ্ঠানসমূহকে আৰ্হি ৰূপে ব্যৱহাৰ কৰিব পাৰো। আজিকালি আমি সমাজ সচেতন ব্যক্তিসকলৰ পৰা প্রায়ে অভিযোগ শুনিবলৈ পাওঁ যে শিক্ষানুষ্ঠানসমূহৰ নৈতিক আৰু শৈক্ষিক মানে তীব্রভাৱে নামনিলে ঢাপলি মেলিছে। এইবোৰ অভিযোগ সম্পর্কে বিশদভাৱে আলোচনা কৰাৰ অৱকাশ আছে। এই সম্পর্কত এটা কথা উল্লেখনীয় যে সৰহ ক্ষেত্রতে নতুন পুৰুষকে বিভিন্ন ক্ষেত্রত দায়ী বুলি স্থিৰ কৰা হয়। অগ্রজসকল কোনো নৈতিক দায়িত্ব ল'বলৈ প্রস্তুত নহয়। আমি এই পৰম্পৰাৰ সার্থকতাক স্বীকাৰ কৰি ল'লোহেঁতেন, যদিহে ই শুভফল প্রদর্শন কৰিব পাৰিলেহেঁতেন। দুর্ভাগ্যবশতঃ সি হৈ উঠা নাই। এতিয়ালৈকে গ্রহণ কৰা কার্যপন্থাসমূহে পৰিস্থিতিক উন্নয়নমুখী কৰি তোলাত সাহায্য আগবঢ়াব পৰা নাই। তেনেহ'লে, শুদ্ধ পথৰ সন্ধানত সমাজৰ গতি বিলম্বিত হৈ গৈছে নেকি, এই সম্পর্কে দকৈ ভবাৰো অৱকাশ আহে।

যুৱ সমাজ কোনো ক্ষেত্রত দায়ী হ'ব পাৰে। সেয়া স্বীকাৰ কৰি লওঁ। কিন্তু

তেওঁলোকক শুদ্ধ পথৰ সন্ধান দিয়াত অক্ষম হৈয়ো সমাজত মুধাফুটা লোকৰ শৌর্যৰে বিচৰণ কৰা অগ্রজসকলহে অধিক দায়ী বুলি আমি বিবেচনা কৰোঁ। গতিকে, আজিৰ যুৱ সমাজৰ এক অন্যতম দায়িত্ব হ'ল, বাস্তৱক অস্বীকাৰ কৰিব খোজা অগ্রজসকলকো সমাজৰ পুনর্গঠন প্রক্রিয়াৰ সৈতে জড়িত কৰি সহনশীলতা আৰু পাৰস্পৰিক বুজাবুজিৰ মাজেৰে এক আস্থাশীল পৰিৱেশ গঢ়ি তোলা।

এনে পৰিৱেশত মুক্ত মত প্রকাশ আৰু সমস্যাৰ সমাধানৰ বাবে পৰামৰ্শ আগবঢ়োৱাৰ দুৱাৰখন সদায় খোলা থাকিব লাগিব। কোনেও মত প্রকাশৰ স্বাধীনতা সাব্যস্ত কৰিবলৈ গৈ যাতে শাস্তি ভুগিবলগীয়া নহয়, নীচ ৰাজনীতিৰ গৰাহত পৰি যাতে কাৰো কেৰিয়াৰ আৰু জীৱন ধ্বংসৰ মুখলৈ যাব নোৱাৰে, তাৰ প্রতি সততে দৃষ্টি ৰাখিব লাগিব।

এইটো পৰ্যায়ত উপনীত হোৱাৰ যোগ্যতা যুৱ সমাজে অর্জন কৰিব পাৰিলেহে সমাজৰ প্রকৃত চৰিত্ৰৰ উন্নতি আমি আশা কৰিব পাৰোঁ।

দৈনিক জন্মভূমি ঃ ২৯ ডিচেম্বৰ ১৯৯২ (সম্পাদক ঃ দেৱ কুমাৰ বৰা)

সৰস্বতী সন্মান বিজয়ী বিশিষ্ট অসমীয়া ঔপন্যাসিক
ড'লক্ষ্মীনন্দন বৰাৰ সৈতে অর্ণৱ জান ডেকা (২০০৪)

সাম্প্রতিক ৰাজনৈতিক পৰিস্থিতি আৰু দোদুল্যমান যুৱ সমাজ

আজিৰ পৰিৱেশত আমি দেখো, আমাৰ জীৱনৰ প্রতিটো দিশকে ৰাজনীতিয়ে নিয়ন্ত্রণ কৰে। মানৱ সভ্যতাৰ আদিতে হয়তো ব্যৱস্থাটো তেনে ধৰণৰ নাছিল। কিন্তু মানৱ সভ্যতাৰ বিকাশৰ লগে লগে সমাজত এছাম মানুহৰ প্রতিপত্তি বাঢ়ি গ'ল। পোনতে বোধহয় সৃষ্টি হ'ল দেশবোৰৰ। তাৰ পাছত ধর্ম আৰু এই ধর্মৰ গাত ভেজা দিয়েই ৰাজনীতিয়ে জীপ ল'লে। আজি অৱশ্যে সকলো ক্ষেত্রতে ৰাজনীতি আৰু ধর্ম সংলগ্নিত নহয়। তথাপিও আধুনিক মন একোটাৰ অধিকাৰী হ'ব নোৱাৰা বহুসংখ্যকে এতিয়াও ধর্মভিত্তিক ৰাজনীতি কৰে। তাৰ লগতে আছে ভাষা আৰু সাম্প্রদায়িক ৰাজনীতি কৰাসকল। বৃহৎ ব্যৱসায়ী গোষ্ঠীবোৰৰ পৃষ্ঠপোষকতাত ৰাজনীতি কৰা আৰু এছাম আছে, যি স্থিতাৱস্থা অক্ষুণ্ণ ৰখাৰ সপক্ষে ৰাজনীতি কৰে। এই সকলোৰে মাজত ব্যতিক্রম আছিল কমিউনিষ্ট বা সাম্যবাদৰ ৰাজনীতি কৰাসকল। কিন্তু ভাৰতবৰ্ষৰ দৰে গণতান্ত্রিক দেশৰ বুর্জোৱা সমাজত তেওঁলোকে নিজৰ প্রাসংগিকতা এতিয়াও প্রতিপন্ন কৰিব পৰা নাই। এতিয়া তেওঁলোকৰ ৰাজনীতি আপোচমূলক হৈ মার্ক্সবাদৰ মূল ধাৰাকে ক্ষুণ্ণ কৰিছে। তাৰোপৰি, ৰুছিয়াকে ধৰি পূব ইউৰোপত শেহতীয়াভাৱে ঘটা ঘটনাৰাজিয়ে তেওঁলোককো বিভ্রান্ত কৰিছে। মার্ক্সবাদেই উত্তৰণৰ শেষ আৰু সঠিক পথ বুলি এতিয়া তেওঁলোকেই বুকু ডাঠি ক'ব নোৱাৰা অৱস্থাটো পালেহি।

ভাৰতবৰ্ষৰ দৰে উন্নয়নশীল দেশবোৰত বর্তমান এনে এটা ৰাজনৈতিক চৰিত্ৰৰে মুখামুখি হোৱা যায়। আমাৰ ভাৰতৰ প্রসংগটো আৰু সুকীয়া। কিয়নো, ভাৰতবৰ্ষত এতিয়া পূর্ণকালিন গণতন্ত্র বিৰাজমান। তাতে আকৌ বিশ্বৰ বৃহত্তম গণতন্ত্র হিচাপে ৰাজনৈতিক কুচকাৱাজ চলোৱাৰ আর্হি হিচাপে এতিয়াও ভাৰত অপ্রাসংগিক হৈ পৰা নাই। লগতে, ওপৰত আলোচনা কৰি অহা ৰাজনৈতিক চৰিত্ৰসমূহ ভাৰতৰ দৰে বহুভাষিক, জনবহুল দেশত একে সময়তে প্রত্যক্ষ কৰা যায়। এইবাবে ভাৰতৰ গুৰুত্বটো কেতিয়াও কমি নাযায়। কিন্তু যি ৰাজনৈতিক কার্যকলাপে দেশৰ সামগ্রিক

উন্নয়নত ফলপ্ৰসু ভূমিকা নলয়, তেনে ৰাজনীতিয়ে জনসাধাৰণক আশ্বস্ত কৰিব নোৱাৰে। আজি ভাৰতবৰ্ষত দেখা গৈছে, উন্নয়ন আৰু প্ৰগতিৰ যি এটা স্বাভাৱিক গতি আছে— যিটো ৰাজনৈতিক আদৰ্শ আৰু মতবাদ সালসলনিৰ ফলত ব্যাহত নহয়— সেই গতি ত্বৰান্বিত কৰিবলৈ কোনো ৰাজনৈতিক বিধি ব্যৱস্থাই সফল হোৱা নাই। ফলত বিভ্ৰান্ত হৈছে কাইলৈ দেশৰ দায়িত্ব ল'বলৈ ওলোৱা যুৱসমাজ। দেখা গৈছে যে সমাজৰ দুৰ্বল শ্ৰেণীটোৰ কোনো উন্নয়ন সাধিত হোৱা নাই। অথচ ধনিক শ্ৰেণীটো আৰু বেছি সম্পদশালী হৈ গৈ আছে। এনেধৰণৰ ফলাফল প্ৰত্যক্ষ কৰিবলগীয়া হ'লে প্ৰচলিত ব্যৱস্থাটোৰ ওপৰত আস্থা হেৰুৱাই যোৱাই স্বাভাৱিক। কাৰণ, বহু সপোন সন্মুখত ৰাখিহে ভাৰতবৰ্ষক বৃটিছৰ গৰাহৰ পৰা উদ্ধাৰৰ প্ৰয়াস কৰা হৈছিল। অথচ, সেই সপোনবোৰক বাস্তৱায়িত কৰাত কাকো যত্নপৰ যেন ধাৰণা নহ'ল। আনকি যি সপোনেৰে উদ্বুদ্ধ হৈ এছাম স্বাধীনতাকামী সংগ্ৰামী নেতাৰ জন্ম হৈছিল, স্বাধীনতাৰ উত্তৰকালত তেওঁলোকৰ ভূমিকাও হ'ল হতাশজনক।

এনে এটা পৰিৱেশতে যুৱ সমাজে তেওঁলোকৰ ৰাজনৈতিক ধ্যান-ধাৰণাক গঢ় দিব লগা হৈছে। অনুশীলনৰ প্ৰাথমিক স্তৰত এক উচ্চ আদৰ্শবোধেৰে তেওঁলোক পৰিচালিত হ'লেও সময়ৰ সঞ্চালনৰ লগে লগে আপোচবাদিতাৰ সৈতে তেওঁলোকৰ সম্যক পৰিচয় ঘটে। এনে আপোচবাদী কাৰ্যকলাপে তেওঁলোকক সততে দ্বিধাগ্ৰস্ত কৰি তোলে। কিয়নো, বিদ্যায়তনিকভাৱে তেওঁলোকে যিখিনি ৰাজনৈতিক আদৰ্শবাদৰ সৈতে পৰিচিত হয়, বাস্তৱ জীৱনত সেই আদৰ্শবাদৰ পোষকতা কৰা বুলি দাবী কৰাসকলৰ মাজত সেই আদৰ্শৰ যথাযথ অনুশীলন তেওঁলোকে প্ৰত্যক্ষ নকৰে। গতিকে আদৰ্শবাদৰ সৰলীকৰণ কৰি অহাসকল সংঘাতৰ সন্মুখীন হয়। এই সংঘাতক কেবা ধৰণে বিশ্লেষণ কৰিব পাৰি, — আদৰ্শৰ সংঘাত বা মূল্যবোধৰ সংঘাত, ব্যৱহাৰিক জীৱনবোধৰ সংঘাত বা অন্যান্য দিশত নিতৌ দেখা দিয়া প্ৰশ্নবোৰৰ সদুত্তৰ আৱিষ্কাৰ কৰিব নোৱাৰাৰ সংঘাত। ই এটা ফালৰ পৰা ভীষণ ক্ষয়ংকৰী বুলি বিবেচিত হ'ব পাৰে। কাৰণ, এই সংঘাতৰ সৃষ্টিকাৰী প্ৰশ্নবোৰৰ সদুত্তৰ আদায় কৰিব নোৱাৰা কথাটোৰে তেওঁলোকক দিকভ্ৰষ্ট কৰি বিপথে পৰিচালিত কৰাৰ সম্ভাৱনা থাকে। যদি আদৰ্শৰ সংঘাতৰ ফলতে এই বিশাল যুৱশক্তিৰ অপচয় হ'বলগীয়া হয়, তেন্তে ইয়াৰ ফলত হ'বলগীয়া বৃহৎ অপূৰণীয় ক্ষতিৰ গৰাহৰ পৰা নিজকে ৰক্ষা কৰাৰ কোনো পথ দেশখনে আৱিষ্কাৰ কৰিব পৰাৰ সম্ভাৱনা নাই। ইয়াৰ ফলত দেশৰ ভৱিষ্যতৰ কাণ্ডাৰী গঢ়াৰ যি প্ৰক্ৰিয়া, সেয়া ব্যাহত হোৱাৰ প্ৰচুৰ থল সৃষ্টি

কৰে। গতিকে, এনে উপমা বা পটন্তৰ সৃষ্টি কৰাৰ প্ৰয়োজন, যি সাময়িকভাৱে হ'লেও এক আশাৰ পৰিৱেশ সৃষ্টি কৰাত আস্থাশীল ভূমিকা ল'ব পাৰে। বিষয়টো হয়তো কিছু আহুকলীয়া। কিন্তু দেশখনৰ নিৰাপত্তা আৰু ভৱিষ্যৎ সুৰক্ষিত কৰাৰ স্বাৰ্থত ইয়াৰ বিকল্প নাই বুলিয়েই আমাৰ ধাৰণা হয়। একোটা বৃহত্তৰ হেতুক সন্মুখত ৰাখি কিছুমান সিদ্ধান্ত গ্ৰহণ কৰিব লগা হয়, যিবোৰৰ সামগ্ৰিক মূল্য বহুত বেছি।

গতিকে প্ৰশ্ন হয়, এনে আস্থাৰ পৰিৱেশ নো সৃষ্টি হ'ব পাৰে কেনেকৈ? তাৰ বাবে লাগিব আৰ্হিৰ সৃষ্টি কৰিব পৰা এক নতুন ৰাজনৈতিক চৰিত্ৰৰ পোষকতা কৰা এছাম লোক। আজিৰ সুবিধাবাদৰ যুগত এনে আশা কৰাটো বাতুলতা বুলি কোনো কোনো মহলে ক'ব বিচাৰিলেও সামগ্ৰিক বিচাৰত এনে আশাৰ যোগাত্মক দিশবোৰ চকুত নপৰাকৈ নাথাকে। আজিৰ সমাজত এনে এছাম ৰাজনৈতিক সংস্কৃতিৰে সংস্কৃতৱান নিঃস্বাৰ্থ লোক এতিয়াও দুষ্প্ৰাপ্য হৈ পৰা নাই। কেৱল, প্ৰচলিত ৰাজনৈতিক প্ৰক্ৰিয়াটোৰ সৈতে তেওঁলোকক জড়িত কৰোৱাৰ দায়িত্ব দেশৰ ভৱিষ্যতৰ কথা চিন্তা কৰাসকলে ল'ব লাগিব। দ্বিধাগ্ৰস্ততাৰ মাজত দোদুল্যমান যুৱক সমাজক সুস্থ ৰাজনৈতিক সংস্কৃতিৰ সৈতে পৰিচিত কৰি এক সুস্থ ৰাজনৈতিক পৰম্পৰা সৃষ্টি কৰাৰ হকে ইয়াৰ কোনো বিকল্প নাই বুলিয়েই আমাৰ ধাৰণা হয়।

অগ্ৰদূত ঃ ২৮ এপ্ৰিল ১৯৯০ (সম্পাদক ঃ কনকসেন ডেকা)

দৈনিক জনমভূমি ঃ ১৩ জুন ১৯৯১ (সম্পাদক ঃ যতীন্দ্ৰ কুমাৰ বৰগোহাঞিঁ)

কবি সুশীল শৰ্মা, সমালোচক উপেন্দ্ৰ নাথ শৰ্মা, গৱেষক ড° সত্যেন্দ্ৰ নাৰায়ণ গোস্বামী, সমালোচক অৰনীন্দ্ৰ বৰা আৰু ভাষাবিদ বিশ্বেশ্বৰ হাজৰিকাৰ সৈতে অৰ্ণৱ জ্ঞান ডেকা (২০০৭)

মাদক দ্ৰব্যৰ গ্ৰাসত আজিৰ নতুন সমাজ

মাদক দ্ৰব্যৰ সৈতে অসমীয়া সমাজৰ সম্পৰ্ক তেনেই নতুন নহয়। দৰাচলতে, পৌৰাণিক কালৰ পৰাই সমাজখনৰ এটা অংশৰ সৈতে ইয়াৰ ওতঃপ্ৰোত সম্পৰ্কৰ বিষয়ে বহু তথ্য পোৱা যায়। এই সম্পৰ্কে ইতিহাসবিদসকলে নিশ্চয় বহু কথাই অনুসন্ধানৰ জৰিয়তে আৱিষ্কাৰ কৰিব পাৰিব। তেনে বহুতো তথ্যই ৰোমাঞ্চকৰ যদিও ই সমাজৰ এটা এন্ধাৰ দিশতো আলোকপাত কৰিব। আজি বিশ্বব্যাপি মাদক দ্ৰব্যৰ সৈতে সৰ্বসাধাৰণ ৰাইজৰ ঘনিষ্ঠ সম্বন্ধ স্থাপিত হোৱাৰ পাছত এই দিশত নতুনকৈ কিবা কোৱাৰ অৱকাশ থাকে নে নাই, সেই সম্পৰ্কতেই এটা বিতৰ্কৰ সৃষ্টি হ'ব পাৰে।

তাৰে মাজতে আকৌ অসমীয়া সমাজক লৈ বিচ্ছিন্নভাৱে কিবা চিন্তা-চৰ্চা কৰাৰ সুযোগ সঁচাকৈয়ে কম। কিন্তু আশাপ্ৰদ কথাটো হ'ল, অসমীয়া সমাজে সাধাৰণভাৱে আজিও এইপদ বস্তুক অন্ততঃ কিছু পৰিমাণে হ'লেও অস্পৃশ্য বুলি গণ্য কৰে। বিশেষতঃ মধ্যবিত্ত সমাজত এই সামগ্ৰীয়ে এতিয়াও সামাজিকভাৱে এটা সন্মানজনক স্থিতি লাভ কৰিব পৰা নাই। গতিকে, সেইখিনি শুভবুদ্ধিৰ আলম লৈয়ে এই সম্পৰ্কত দুটামান কথা ক'বলৈ মন যায়।

বিগত কিছু দিনত অসমীয়া কলাৰসিকৰ ৰসবোধ আৰু ৰুচিবোধৰ শেহতীয়া ধাৰাটোৰ সৈতে পৰিচিত হোৱাৰ স্বাৰ্থত এগৰাকী যশস্বী শিল্পী ড° ভূপেন হাজৰিকাৰ সৈতে অসমৰ ইমুৰৰ পৰা সিমুৰলৈ একেৰাহে ভ্ৰমণ কৰাৰ সুযোগ পাইছিলো। শিল্পীগৰাকীয়ে এই সময়ত সংস্কৃতিবান লোকসকলৰ শিল্প অনুৰাগ তথা অন্যান্য বৈশিষ্ট্যবোৰৰ সৈতে আমাক পৰিচিত কৰাইছিল যদিও অন্য এটা দিশেও আমাৰ দৃষ্টি আকৰ্ষণ কৰিবলৈ সক্ষম হৈছিল। সেয়া হ'ল মাদক দ্ৰব্যৰ প্ৰতি আজিৰ ছাম পুৰুষ-মহিলাৰ প্ৰবল আসক্তি। বিশেষতঃ সাংস্কৃতিক কাৰ্যসূচীসমূহ উদযাপনৰ সময়ত এই দিশটো অতি দৃষ্টিকটু ৰূপত আমাৰ আগত ধৰা দিয়েহি। আনকি, আজিকালি শিক্ষানুষ্ঠানবোৰত হোৱা অনুষ্ঠান আদিতো মাদক দ্ৰব্যৰ ৰাগীত মতলীয়া হৈ পৈশাচিক উল্লাসেৰে এক অসামাজিক পৰিৱেশ সৃষ্টি কৰা সততে চকুত পৰে। বাটে-ঘাটে অসৌজন্যসূচক আচৰণ, অবাইচ মাত আদিৰ সৃষ্টিতো এনেবিধ দ্ৰব্যই অনুঘটকৰূপে

কাম কৰাৰ অভিযোগ প্ৰায়ে পোৱা যায়। এতিয়া কথা হ'ল, এনেবোৰ আচৰণক একে ধৰণেই চলি থাকিব দিব পাৰিনেহ্লু সমাজৰ প্ৰতি সদস্যই নিজৰ চকু-কাণ মুদি ৰাখিয়েই এনে অশুভ কাৰকৰ উপস্থিতিক অগ্ৰাহ্য কৰি থাকিবনে? এই দিশত চিন্তা কৰি সমাজৰ আগশাৰীৰ লোকসকলে হাতে-কামে কিবা এটা কৰিবলে আগবাঢ়ি নহা বাবেই এই বহু উচ্চাৰিত প্ৰসংগত আমি নিজৰ কলম দাঙি ল'ব লগা হৈছে।

আন্তৰ্জাতিক স্তৰত মাদক দ্ৰব্য সেৱন এটা সংস্কৃতি হৈ পৰিছে আৰু প্ৰাত্যহিক জীৱনৰ বিভিন্ন সামাজিক অনুষ্ঠানতে ইয়াৰ ব্যাপক ব্যৱহাৰ বাঢ়িছে। অন্ততঃ কূটনীতি বিষয়ক বিভিন্ন অনুষ্ঠানত সুৰাৰ যোগান নহ'লে নচলেই। বিয়া-বাৰুকে ধৰি অন্যান্য অনুষ্ঠানতো সুৰাপানৰ পৰম্পৰা পৃথিৱীৰ বহুতো ঠাইতে চলি আহিছে। আনকি, অসমতেই বহুতো থলুৱা জনগোষ্ঠীৰ বিভিন্ন পৰম্পৰাগত আচাৰ-আচৰণ সুৰাপানে নিয়ন্ত্ৰণ কৰে। এনেদৰে এইবিধ দ্ৰব্যই অৰ্জন কৰা সাৰ্বজনীনতাৰ আলমতে অন্যান্যসকলৰ মাজৰ বহুতেই অন্ধ অনুকৰণৰ দাস হৈ সুৰাপানত মত্ত হোৱাটোক এক ফেশ্বন হিচাপে লোৱা আৰম্ভ কৰিছে। এতিয়া কথা হ'ল, পৃথিৱীৰ সংখ্যাগৰিষ্ঠ লোকে পৰ্যায়ক্ৰমে এটা সময়ত আহি আহি মাদক দ্ৰব্যক সাবটি লোৱা বাবেই আমিও চকু-কাণ মুদি তাক গ্ৰহণ কৰিমনে? যুক্তি, বিবেক আৰু স্বকীয় ৰুচিবোধ বুলি যিকেইটা নিজস্ব সম্পদ আমাৰ প্ৰত্যেকৰে থাকে, এনে একোটা পৰিস্থিতিত সেই সম্পদসমূহক আহিলাৰূপে কামত লগোৱাটো কিয় অযুক্তিকৰ হ'ব পাৰে, তাৰ সদুত্তৰ আমি সৰ্বসাধাৰণৰ মাজত বিচাৰি নাপাওঁ। আমাৰ কথা হ'ল, নিজৰ বিবেচনা শক্তিক কামত লগালে হয়তো আমি এই সৰ্বনাশী প্ৰক্ৰিয়াটোৰ বিৰোধিতা কৰাৰ জোখাৰে যথেষ্ট যুক্তি আৰু সাহস গোটাব পাৰিম। প্ৰতি ব্যক্তিৰে নিজস্ব নীতি আৰু আদৰ্শ থাকে নে নাই, এনেবোৰ পৰিস্থিতিয়েই প্ৰমাণ কৰাৰ পথ মুকলি কৰি দিয়ে। হঠাতে সৃষ্টি হোৱা এটা টৌত অন্য বহুতৰে দৰে গড্ডলিকা প্ৰবাহত নিজক উটাই নিদি সৌঁতৰ বিপৰীতে সাহসেৰে মূৰ দাঙি থাকিব পৰাটো এই ভয়াৱহ যুগসন্ধিত এক প্ৰকৃতাৰ্থত নৈতিক সাহসৰ চিন। আজিৰ দিনত আমাক প্ৰয়োজন তেনে সাহসৰ চিনাকি দিব পৰা এজাক নতুন পুৰুষ। দৈনন্দিন জীৱনৰ প্ৰতিবন্ধকতাৰ সৈতে মুখামুখি হোৱাৰ যোগ্যতা থকাটোও অন্য এটা পূৰ্বচৰ্ত।

প্ৰশ্ন হ'ব পাৰে, এই প্ৰতিবন্ধকবোৰ নো কি? বেছি জটিল আৰু ৰূঢ় পৃথিৱীখনৰ প্ৰসংগলৈ নহাকৈয়ো আমি প্ৰাত্যহিক জীৱনত সন্মুখীন হোৱা চৰিত্ৰ কিছুমানলৈকে আঙুলিয়াই দিব পাৰো। আমাৰ সমাজৰ মুধাফুটা এছাম উচ্চ শিক্ষিত আৰু সংস্কৃতিৱান

বুলি স্বীকৃত দায়িত্বশীল নাগৰিকে একোটা দুৰ্বল মুহূৰ্তত কৰা একোটা চৰম বালকসুলভ কামক আমি প্ৰাথমিক প্ৰতিবন্ধক বুলি গণ্য কৰিব পাৰো। এখন জিলাৰ দায়িত্বত থকা এজন বৰমূৰীয়া বিষয়াই যদি ঘৰুৱাভাৱে অতিথি সৎকাৰৰ বাবে মাদক দ্ৰব্যৰ ব্যৱহাৰ কৰে, তেন্তে তেওঁ জিলাখনত মাদক দ্ৰব্য নিয়ন্ত্ৰণৰ দায়িত্ব সুচাৰুৰূপে পালন কৰিব বুলি আমি কেতিয়াও আশ্বস্ত হ'ব নোৱাৰো। দুৰ্ভাগ্যবশতঃ, তেনে চৰিত্ৰৰ ঘনিষ্ঠ সান্নিধ্যলৈ অহাৰ দুৰ্যোগো আমাৰ হৈছে। অন্য প্ৰসংগতো এনে সদৃশ ঘটনা আমি প্ৰত্যক্ষ কৰিছো। ১৯৯০ চনত যোৰহাট ইঞ্জিনিয়াৰিং কলেজৰ এক বিদ্যাৰ্থীয়ে শিক্ষানুষ্ঠানটিত ক্ৰমাৎ আনুষ্ঠানিকতাৰ পৰ্যায় পোৱা মাদক দ্ৰব্য সেৱনৰ পৰম্পৰাটোৰ বিৰুদ্ধাচৰণ কৰি সম্পূৰ্ণ অকলশৰে নিজস্বভাৱে ৰাজহুৱা মঞ্চৰ পৰা ইয়াক গৰিহণা দিয়াৰ পাছত সেই মহাবিদ্যালয়ৰ কৰ্তৃপক্ষই তেওঁৰ পিছত থিয় হৈ তেওঁক সমৰ্থন যোগোৱাৰ বিপৰীতে সেই অনুষ্ঠানৰ মুৰব্বীৰ পৃষ্ঠপোষকতাত সেই বিদ্যাৰ্থীক অনুষ্ঠানটোৰ চৌহদৰ পৰা বহিষ্কৰণৰ হে আদেশ দিয়া হ'ল। এনেদৰে, এটা জৰুৰী বিষয়ত এক বিতৰ্ক গঢ়ি উঠাৰ সম্ভাৱনাক নষ্ট কৰি সেই বিষয়ৰ উত্থাপকক অপ্ৰাসংগিক কৰি তুলিয়েই কোনো কোনো মহলে নীচক তৃপ্তি বা চেডিষ্টিক প্লীজাৰ পালেও সামগ্ৰিকভাৱে ই এখন সমাজ পতনৰ চুক্তিত স্বাক্ষৰ দান কৰাৰ লেখীয়াহে হৈ পৰিব।

এনেবোৰ ঘটনা ঘটাৰ প্ৰৱণতাটোক ৰোধ কৰাৰ বাবে সমাজত এখন সাহসী মঞ্চৰ প্ৰয়োজন হৈছে। অন্যথাই, মাদক দ্ৰব্য সেৱনত অভ্যস্ত হোৱা আজিৰ সমাজে এই ভয়ংকৰী ৰুচিৰ বিৰুদ্ধে গঢ় লোৱা যিকোনো প্ৰতিবাদী কণ্ঠকে চিৰদিনলৈ নিঃশেষ কৰাৰ জোখাৰে সামৰ্থ ৰাখে। ১৯৯২ চনত এদিন মাজনিশা যোৰহাট ইঞ্জিনিয়াৰিং কলেজৰ এটা ছাত্ৰাবাসৰ পৰা সুৰামত্ত এছাম বিদ্যাৰ্থীয়ে সশস্ত্ৰ হৈ তেওঁলোকৰ ৰুচিবিগৰ্হিত আচৰণৰ বিৰুদ্ধাচৰণ কৰা অন্য এজন বিদ্যাৰ্থীক হত্যা কৰাৰ ষড়যন্ত্ৰ কৰি ওলাই আহিছিল। তেওঁলোক নিজৰ উদ্দেশ্যত বিফল হোৱাৰ পাছত এই বিষয়ে অনুষ্ঠানটোৰ মুৰব্বীৰ ওচৰত লিখিত অভিযোগ দাখিল কৰা হৈছিল যদিও সেই মাদকদ্ৰব্য সেৱনকাৰীসকলৰ ওপৰত কোনো কাৰ্যব্যৱস্থা গ্ৰহণৰ সাহস প্ৰদৰ্শিত নহ'ল। ফলত, বিষয়টো আৰক্ষীৰ সঞ্চালক প্ৰধানৰ পৰ্যায় পৰ্যন্ত পাবলগীয়া হ'ল।

এনেবোৰ ঘটনা প্ৰত্যক্ষ কৰাৰ পাছত মাদক দ্ৰব্যৰ ভয়ংকৰী ৰূপটো সম্পৰ্কে আমি অধিক সচেতন হৈ পৰিবলৈ বাধ্য হৈছো। সমাজৰ উচ্চখাপত বহি থকা

লোকসকলে এই দিশত ফলপ্ৰসু কোনো আঁচনি লৈ আজিৰ সমাজক ৰক্ষা কৰিবলৈ আগবাঢ়ি নাহিলে অসমৰ সৰ্বসাধাৰণ ৰাইজেই মাৰবান্ধি ওলাই আহিবলৈ সাজুহৈ থাকিব লাগিব।

দৈনিক জনমভূমি ঃ ১৪ মাৰ্চ ১৯৯৩ (সম্পাদক ঃ দেৱ কুমাৰ বৰা)

শ্বোলে চলচ্চিত্ৰৰ বিশ্ববিখ্যাত প্ৰযোজক জি পি চিপ্লীয়ে 'অন্য এক যাযাবৰ' গ্ৰন্থ উন্মোচন কৰা মুহূৰ্তত অভিনেত্ৰী নিকুমণি বৰুৱা আৰু জ্যেষ্ঠ অভিনেতাদ্বয় গিৰিশ চৌধুৰী আৰু দিলীপ কুমাৰ হাজৰিকাৰ সৈতে অৰ্ণৱ জান ডেকা (১৯৯৩)

হলীউডৰ ভাৰতীয় চলচ্চিত্ৰকাৰ ত্ৰিলোক মালিক আৰু ৰাজ গ্ৰোভাৰ তথা অসমৰ মুখ্যমন্ত্ৰী হিতেশ্বৰ শইকীয়াৰ সৈতে অৰ্ণৱ জান ডেকা (১৯৯৫)

ছাত্ৰৰ ৰাজনীতি ঃ
এক নতুন চাৰিত্ৰিক বৈশিষ্ট্য

বিদ্যাৰ্থীয়ে বিদ্যা আহৰণতে ব্যস্ত থাকিব লাগো— এনে ধৰণৰ কথাকে বিভিন্ন ধৰণে প্ৰকাশ কৰা প্ৰবাদ পৃথিৱীৰ সকলো প্ৰধান জনগোষ্ঠীৰ মাজতে আছে। বিভিন্ন কালত বিভিন্ন মনীষীয়েও একেষাৰ কথাকে ক'বলৈ চেষ্টা কৰা আমি দেখা পাওঁ। সকলোৱে একে সুৰত ক'লেও সকলোখিনিকেই গভীৰ অন্তৰস্থলীৰ পৰা নিসৃত বুলি প্ৰত্যয় মানিব নোৱাৰি। কিছুমানে ৰাজনৈতিক স্বাৰ্থত, কিছু সংখ্যকে অৰ্থনৈতিক স্বাৰ্থত আৰু কিছু লোকে পাৰিবাৰিক স্বাৰ্থতো এই কথাবোৰ ক'ব পাৰে। এই ব্যক্তিগত স্বাৰ্থবোৰৰ উৰ্দ্ধতো যদি আমি নিৰপেক্ষ ভাৱে চিন্তা কৰো, তেতিয়াও এটা বৃহত্তৰ সামাজিক স্বাৰ্থৰ প্ৰশ্নই আমাক আশ্বস্ত কৰিব। বৃহত্তৰ এটা উদ্দেশ্য পূৰণৰ খাটিৰতে মানুহে তেওঁলোকৰ ছাত্ৰ জীৱন সম্পূৰ্ণ ৰূপে জ্ঞান অৰ্জনতে ব্যৱহাৰ কৰি থাকিব লাগিব নেকি, এনেকুৱা প্ৰসংগ আলোচিত হ'বই লাগিব। আজিৰ পৰিস্থিতিত এনে আলোচনা নিৰ্মোহ, নিৰপেক্ষ দৃষ্টিৰে হোৱাৰ গুৰুত্ব বহুখিনি বৃদ্ধি পাইছে। কাৰণ, এই আলচটো আৰম্ভ কৰা বাক্যটিৰ সৰ্বাধিক অসদ্ব্যৱহাৰৰ পটভূমি আজিৰ পৰিৱেশ আৰু পৰিস্থিতিয়ে সৃষ্টি কৰি তোলাই নহয়, ইয়াৰ ধাৰাবাহিকতা প্ৰতিপন্ন কৰিব পৰাকৈ পৰম্পৰা এটাও গঢ়ি উঠিব ধৰাটো আমি গভীৰ উদ্বেগেৰে লক্ষ্য কৰিছো।

অসমত বিদেশী অনুপ্ৰৱেশকাৰী বহিষ্কৰণৰ দাবীৰে আন্দোলনটো আৰম্ভ হোৱাৰ পৰা ৰাজনীতিত ছাত্ৰ সমাজ জড়িত হোৱা বিষয়ক কথা-বতৰাই আমাৰ সামাজিক জীৱনৰ এটা অংশ দখল কৰি লৈছে। পাছলৈ, বিশ্ববিদ্যালয়ৰ ছাত্ৰ নিৱাসৰ পৰা পোনচাটেই মন্ত্ৰী-বিধায়কৰ বাসভৱনলৈ গমন কৰা জাতীয় উদাহৰণবোৰৰ যেতিয়া সৃষ্টি হ'ল, তেতিয়াৰ পৰা ছাত্ৰৰ ৰাজনীতি বুলিলে এনে ধৰণৰ উপমা আৰু পৰিঘটনাবোৰেই জনগণৰ মনৰ পটত ঠাই পাই আহিছে। কিন্তু ছাত্ৰ জীৱনত অংশ লোৱা ৰাজনীতি বুলিলে এইটো পৰ্যায়তে মোখনি মাৰিব পৰা নাযায়। আজিৰ ছাত্ৰ সমাজে আৱিষ্কাৰ কৰা নতুন এক চৰিত্ৰৰ ৰাজনীতি সম্পৰ্কে আলোচনা কৰাহে এই

লেখাৰ উদ্দেশ্য। এতিয়ালৈকে আমাৰ দৃষ্টিত ধৰা দিয়া এই ৰূপৰ ৰাজনৈতিক কার্যকলাপে কোনো আশাপ্রদ ইংগিত বা শুভ বার্তা নতুন যুগৰ বাবে বহন কৰি অনা নাই। এনে ৰাজনীতিৰ অনুশীলনৰ কোনো ইতিবাচক ভৱিষ্যত আছে বুলি আমাৰ মনে নধৰে। কিয়নো, ই ঐক্যৰ ৰাজনীতি নহয়। ছাত্র সমাজৰ মাজত বিভাজনৰ সৃষ্টি কৰা ভিতৰুৱা ৰাজনীতিকে আমি এই আলচত 'ছাত্র ৰাজনীতি' বুলি অভিহিত কৰিব বিচাৰিছো। সাধাৰণ ৰাজনৈতিক দলবোৰৰ দৰে ছাত্রৰ মাজতো আজিকালি নিজস্ব দল গঠন কৰাৰ প্রৱণতা এটা লক্ষ্য কৰা হৈছে। এছাম মাতব্বৰ শ্রেণীৰ ছাত্রই নিজৰ হুজুগত দল পৰিচালনা কৰিবলৈ এনে বিভাজনৰ আশ্রয় লয়। ছাত্র হৈ থকা কালত শিক্ষানুষ্ঠানসমূহত এক ৰকমৰ কর্তৃত্ব স্থাপন কৰাৰ ক্ষুদ্র স্বার্থৰ দ্বাৰা পৰিচালিত হৈ এই উপদলবোৰ গঠিত হোৱা বাবে দলবোৰৰ নীতি বা আদর্শগত কোনো বিশেষ স্থিতি নাথাকে। পৰিস্থিতিৰ সুযোগ গ্রহণ কৰি নিজৰ স্থিতি শক্তিশালী কৰাৰ বাবেই বহু সময়ত এনে দলবোৰে অনৈতিক আৰু গৰিহণাযোগ্য কাম-কাজ কৰাৰ পৰাও পিছ হুহকি নাযায়। সময়ে সময়ে অসামাজিক, বেআইনী কার্যতো এনে দলবোৰ জড়িত হৈ পৰে।

এতিয়া চোৱা যাওঁক, এনে পৰিস্থিতি নো কেনেদৰে সৃষ্টি হ'বলৈ পালে। আমি নিজে দিল্লী বিশ্ববিদ্যালয় চৌহদৰ অন্তর্গত এখন সুখ্যাত মহাবিদ্যালয় শ্রীৰাম কলেজ অৰ কমার্চৰ ছাত্র হৈ থকা অৱস্থাত প্রথমবাৰলৈ এনে ৰাজনীতিৰ অস্তিত্ব সম্পর্কে সচেতন হৈ পৰিছিলো। এই ৰাজনীতি সর্বসাধাৰণে চাক্ষুস কৰিব পৰা ধৰণৰ প্রদর্শনীমূলক নহয়। সেই কাৰণে ই অধিক শক্তিশালী। কোনো বিষয়ত দৃষ্টিভংগীৰ অমিল হৈ শিক্ষানুষ্ঠান এটিৰ ছাত্রসকলৰ মাজত মত বিৰোধ ঘটাটো সাধাৰণ কথা। কিন্তু এই মতান্তৰেই মনান্তৰলৈ পর্যবসিত হোৱাটোহে গুৰুতৰ কথা। কাৰণ এই মনান্তৰে (অর্থাৎ, মনৰ দূৰত্বই) দল আৰু উপদলৰ সৃষ্টিত অৰিহণা যোগায়। সাধাৰণভাৱে চাবলৈ গ'লে, এটা বিষয় সম্পর্কত নানা মত প্রকাশৰ যিটো ব্যৱস্থা, ই এটা সুস্থ, গণতান্ত্রিক পৰম্পৰাৰ প্রতি আস্থা প্রকাশ কৰা প্রশংসনীয় ব্যৱস্থা। কাৰণ, নির্মোহ বিশ্লেষণেৰে নিজৰ যুক্তিসমূহ উত্থাপন কৰিবলৈ যাওতে চিন্তাৰ দুৱাৰ-খিৰিকীবোৰ মেল খাই যায়। সেয়েহে, এই প্রক্রিয়াটোৰে যুক্তিনিষ্ঠ প্রস্তাৱ আগবঢ়োৱাৰ সামর্থ বৃদ্ধি কৰে। গতিকে এইটো পর্যায়ত আমি মতান্তৰ ঘটাক নিৰুৎসাহিত নকৰাই সকলোৰে বাবে মঙ্গলজনক। কিন্তু, উপযুক্ত যুক্তিৰ অভাৱত কোনেও যাতে যুক্তিভিত্তিক মতবিৰোধক জনশক্তি আৰু গাৰ জোৰেৰে এটা নীচক ৰাজনৈতিক

চৰিত্ৰ আৰোপিত কৰিব নোৱাৰে, তালৈ সতৰ্ক হৈ থাকিবই লাগিব।

ছাত্ৰ জীৱনত সতকাই সন্মুখীন হোৱা বিবাদসমূহৰ সৰহভাগ এই মনান্তৰৰ পৰাই উদ্ভূত। কাৰণ মতৰ অমিল হোৱা আৰু মনৰ অমিল হোৱা একেলেখৰ কথা নহয়। মনৰ অমিল ঘটাৰ ফলত প্ৰতিপক্ষৰ যুক্তিক সন্মান কৰাৰ বাবে প্ৰয়োজনীয় মনৰ প্ৰশস্ততাখিনিও অপহৃত হোৱাটো বহুক্ষেত্ৰত সাধাৰণ কথা। আনৰ মতক সন্মান কৰিবলৈ অপাৰগ মানসিকতা গঠিত হোৱাৰ ফলতেই প্ৰতিপক্ষৰ যিকোনো কাৰ্য বা পদক্ষেপত হকে-বিহকে বিৰোধিতা যেন কৰিবই লাগিব, এনে এটা আৱহাওৱাৰ সৃষ্টি হয়। যুক্তিৰ আশ্ৰয় লৈ কৰিবলৈ ওলোৱা কামৰ বাটত হেঙাৰ হ'বলৈ গ'লে স্বাভাৱিকতে অথন্তৰৰ সূচনা হ'বই। কিয়নো, শুভবুদ্ধিসম্পন্ন কোনো লোকেই স্বাভাৱিক অৱস্থাত উন্নয়নমুখী কাৰ্যসূচীত বাধা দিলে সহ্য নকৰে। এয়া আশাব্যঞ্জক কথা। এই অৱস্থাত যদি প্ৰতিবাদী পক্ষটোৱে নিজগুণে নিজৰ ভুল স্থিতি সম্পৰ্কে সচেতন নহয়, তেওঁলোকৰ সেই স্থিতিয়ে সৃষ্টি কৰিব পৰা যিকোনো জটিল পৰিস্থিতিৰ বাবে তেওঁলোককে পোনপটীয়াকৈ জগৰীয়া কৰা হ'ব।

এনে দৃষ্টান্ত অন্যান্য ৰূপতো দেখা যাব পাৰে। সাধাৰণতে গৰিষ্ঠসংখ্যক ছাত্ৰৰ স্বকীয় মতামত বা আদৰ্শ বুলি কোনো নিজস্ব স্থিতি নাথাকে। গডডলিকা প্ৰৱাহতে নিজক উটুৱাই দিবলৈ তেওঁলোক প্ৰস্তুত। কাৰণ, সৌঁতৰ বিপৰীতে থিয় দিয়া ধৰণৰ কামৰ বাবে প্ৰয়োজনীয় সাহসৰ প্ৰকৃতাৰ্থত তেওঁলোক অধিকাৰী নহয়। সম্পূৰ্ণভাৱে ব্যক্তিস্বাৰ্থত মজি থকা বাবে সামাজিক দিশৰ পৰা গুৰুত্বপূৰ্ণ অসূঁৱাৰ বিপক্ষে মাত মতাটোক তেওঁলোকে অৰ্থহীন কাৰ্য বুলি গণ্য কৰিবলৈ শিকে। স্বাভাৱিকতে, ব্যৱসায়ীসুলভ দৃষ্টিৰে তেওঁলোকে সহজেই অনুধাৰন কৰিব পাৰে যে ই এক লোকচানৰ ব্যৱসায়। সেয়েহে, যেতিয়া শিক্ষানুষ্ঠান এটিৰ সামগ্ৰিক স্বাৰ্থত কোনোবাই ক্ষতিকৰ আৰু ৰুচিবিগৰ্হিত পৰম্পৰাবোৰৰ বিৰুদ্ধে মাত মাতিবলৈ লয়, তাত কণ্ঠস্বৰ যোগ দি সংহতি প্ৰকাশ কৰিবলৈ ওপৰত বৰ্ণাই অহা ছামটো আগবাঢ়ি নাহে। অৱশ্যে ইয়াৰ পৰা যদি এনে এটা অনুঃসিদ্ধান্তত উপনীত হোৱা যায় যে তেওঁলোকে সম্ভৱতঃ অৰুচিকৰ কাৰ্যবোৰক নীতিগতভাৱে সমৰ্থন কৰে, তেন্তে ই এটা ক্ষতিকৰ পূৰ্বধাৰণা বুলিও প্ৰমাণিত হ'ব পাৰে।

কিন্তু, ব্যৱহাৰিক জীৱনত, এনে গৰিষ্ঠসংখ্যক ছাত্ৰৰ নীৰৱতাই (ইংৰাজীত যাক কোৱা হয় 'চাইলেণ্ট মেজৰিটী') বহু সময়ত অশুভ শক্তিবোৰক প্ৰাধান্য লাভ কৰাত পৰোক্ষভাৱে সহায় কৰে। এওঁলোকৰ মৌনতাক বহুতে সমৰ্থনৰ ইংগিত বুলি প্ৰমাণ

কৰিবলৈ চেষ্টা কৰাও সততে লক্ষ্য কৰা এটা পৰিঘটনা। সুবিধাবাদী নীতিৰে ক্ষমতাৰ আসনত উপবিষ্ট হৈ থাকিব খোজা এছাম ছাত্ৰ সকলো শিক্ষানুষ্ঠানতে সদায় লগ পোৱা যায়। পবিত্ৰ শিক্ষাৰ অনুষ্ঠানবোৰক অপবিত্ৰ কাম-কাজৰ বাহক কৰি তুলিব খোজা এই ছাম ছাত্ৰৰ পৰাই পাচৰ জীৱনত সমাজখন দূষিত কৰি পেলোৱা শঠ, প্ৰৱঞ্চক, চাটুকাৰ, আদি লোকসকল ওলাই আহে। সেই কাৰণতে, ভৱিষ্যত জীৱনত সফলভাৱে প্ৰয়োগ কৰিব লগা কূটনীতিবোৰৰ আদিপাঠ এই শিক্ষানুষ্ঠানবোৰতে চৰ্চা কৰি আয়ত্ত কৰিবলৈ তেওঁলোকে চেষ্টা চলায়। এওঁলোকে নিজৰ অভিপ্ৰায় চৰিতাৰ্থ কৰিব পৰাকৈ সুচিন্তিত কাৰ্যক্ৰমণিকা প্ৰস্তুত কৰি লয়। বাহুবল আৰু অৰ্থবল এওঁলোকৰ আয়ত্তত থকাটো আন এটা সুবিধা। এই সবাৰে সহায়ত এওঁলোকে একপ্ৰকাৰৰ লেতেৰা ৰাজনীতিৰে প্ৰকৃত অৰ্থত সৎ, নিৰ্লোভ, নিষ্ঠাবান ছাত্ৰসকলক ক্ৰমাৎ সামাজিক জীৱনৰ পৰা আঁতৰি যাবলৈ বাধ্য কৰে। ক্ষমতাৰ বাঘজৰী ধৰাৰ বাবে কলুষিত ৰাজনীতিৰ চৰ্চা কৰিবলৈ কোনো সৎ ছাত্ৰ ওলাই যে নাহে, এওঁলোকে সেই কথাটো ভালদৰে বুজি পায়। নিষ্ঠাবান ছাত্ৰসকল আগবাঢ়ি নাহিলে কেন্দ্ৰীভূত ক্ষমতা একছত্ৰীভাৱে উপভোগ কৰিবলৈ ক্ষমতালোভী ছামটোৰে বাধাহীন সুযোগ লাভ কৰে।

সাধাৰণতে কেৱল ক্ষমতাৰ ৰাগী উপভোগতে এই ছামটো সন্তুষ্ট নহয়। ভৱিষ্যতলৈকো এই স্থানসমূহ তেওঁলোকৰ লেখীয়াবোৰৰ বাবে নিৰাপদ কৰি ৰখাৰ খাটিৰত নেতৃত্বৰ প্ৰকৃত গুণসম্পন্ন ছাত্ৰসকলক ৰাজহুৱাভাৱে অপদস্থ কৰিবলৈকো তেওঁলোকে পিছ নোহোহকে। প্ৰয়োজনত তেওঁলোকে প্ৰতিপক্ষৰ ব্যক্তিগত চৰিত্ৰহননৰ পৰ্যায়লৈকে যাব পাৰে। গতিকে, ব্যক্তিগত ভাৱমূৰ্তিলে কলঙ্ক ননাৰ খাটিৰতে ৰাজহুৱা জীৱনৰ পৰা সৎ ছাত্ৰসকল আঁতৰি পৰে। ছাত্ৰ ৰাজনীতিৰ এইটোৱেই সবাতোকৈ ক্ষয়ংকৰী দিশ বুলি বিবেচিত হ'ব পাৰে। এইটো কাৰণতে ছাত্ৰ ৰাজনীতিৰ সামগ্ৰিক ভাৱাৰ্থৰ পৰা এইটো দিশক বিচ্ছিন্নকৈ অধ্যয়ন কৰিবলৈ আমি শিকিব লাগিব। দেশ আৰু জাতিৰ বৃহত্তৰ স্বাৰ্থৰ খাটিৰতে বিশুদ্ধ ৰাজনীতিৰ অনুশীলন কৰিব পৰা এটা যোগাত্মক পৰিৱেশ শিক্ষানুষ্ঠানসমূহত ৰচনা কৰাটো আজিৰ সমাজৰ অন্যতম প্ৰধান দায়িত্ব।

দৈনিক জনমভূমি ঃ ২৩ মাৰ্চ ১৯৯০ (সম্পাদক ঃ যতীন্দ্ৰ কুমাৰ বৰগোহাঞিও)

জাতীয় প্ৰেক্ষাপটত 'অসমীয়াত্ব'ৰ প্ৰসংগ

আজি সৰ্বভাৰতীয় ৰাজনীতিত যি অস্থিৰতা, তাৰ পৰিপ্ৰেক্ষিতত 'অসমীয়াত্ব'ৰ ধাৰণাটোৰ নৱমূল্যায়ন কৰাৰ সময় আহি পৰিছে। যি দেখা গৈছে, কিছু বছৰলৈ দেশত ত্ৰিশঙ্কু সংসদ এখনেই বিৰাজ কৰিব। তাৰমানেই, ক্ষমতাৰ বাবে খোৱা-কামোৱা, ঘোঁৱাৰ হাট আৰু সবাৰে উৰ্দ্বত, দেশৰ অনিশ্চিত ভৱিষ্যৎ। ধৰ্ম আৰু সম্প্ৰদায়ভিত্তিক যুঁজ-বাগৰবোৰ আৰু বেছি ব্যাপক হ'ব। আন্তঃৰাষ্ট্ৰীয় মঞ্চত ভাৰতবৰ্ষৰ মৰ্যাদা আৰু গুৰুত্ব অতি খৰগতিত হ্ৰাস পাব।

দেশৰ এই অৱস্থালৈ চাই সহজেই এক অনুঃসিদ্ধান্তলৈ আহিব পাৰি যে অৰ্থনৈতিক দিশত নিজক টনকীয়াল কৰি এক নিৰাপদ স্থিতি লাভ কৰাটোহে সৰ্বসাধাৰণ ৰাইজৰ এই মুহূৰ্তত মুখ্য কৰ্তব্য। কাৰণ, জাতি, ভাষা, ধৰ্ম বা সম্প্ৰদায়ৰ প্ৰসঙ্গই কাৰো পেটক পোহ-পাল নিদিয়ে। অজস্ৰ বিদেশী ঋণৰ বোজাত ভাৰতবৰ্ষ সম্প্ৰতি ইমানেই কুঁজা হৈ পৰিছে যে আমাৰ জাতিগত আত্মসন্মান বুলি কোনো বস্তুৱেই আন্তঃৰাষ্ট্ৰীয় বৰসবাহত নাই। যদি দেশখনৰ এইটোৱেই স্বৰূপ, মহাভাৰতৰ মহাঅঙ্গ অসমো ইয়াৰ পৰা বিচ্ছিন্ন হৈ থাকিব নোৱাৰে।

আজি 'অসমীয়াত্ব'ৰ প্ৰসঙ্গ আত্মনিয়ন্ত্ৰণৰ অধিকাৰৰ ৰূপত বিভিন্ন সুৰত উত্থাপিত হৈছে। কিছুসংখ্যকে ভাৰতীয় সংবিধানৰ ভিতৰৰা কথা কৈছে, কিছুমানে বাহিৰ। অসমীয়া জনসাধাৰণে ইয়াৰ কোনবোৰ মতবাদ গ্ৰহণ কৰিছে, তাক আলোচনা নকৰাকৈয়ো ক'ব পাৰি যে এতিয়ালৈকে দাঙি ধৰা কোনো আৰ্হিয়েই বিতৰ্কৰ উৰ্দ্বত নহয়। কিয়নো, কেন্দ্ৰৰ শোষণ আৰু বৰককাই সুলভ আচৰণৰ কথা কোৱা হৈছে যদিও অৰ্থনৈতিক দিশত কেৱল প্ৰাকৃতিক সম্পদৰ এদনীয়া অধিকাৰৰ প্ৰশ্নৰেই প্ৰস্তাৱসমূহ সামৰা হৈছে। আজিৰ ভাৰতীয় প্ৰেক্ষাপটত যিহেতু পেটৰ তাগিদাই আটাইতকে গুৰুত্বপূৰ্ণ হৈ দেখা দিছে, গতিকে অৰ্থনৈতিক স্বাধীনতাৰ প্ৰশ্নটোক আৰু ব্যাপকভাৱে আলোচনা কৰাৰ থ'ল আছিল যদিও আটাইবোৰ দিশৰ পৰা এইটো ক্ষেত্ৰত সুবিধাবাদী দৃষ্টিভঙ্গী গ্ৰহণ কৰি মূৰপোলোকা মৰাই প্ৰত্যক্ষ কৰি থাকিবলগীয়া হৈছে।

এই মুহূৰ্তত সকলো পক্ষই উপলব্ধি কৰিবলগীয়া কথাটো হ'ল, অসমীয়াৰ আত্মনিয়ন্ত্ৰণৰ প্ৰশ্ন এতিয়া ভাষা, জাতি বা সম্প্ৰদায় কেন্দ্ৰিক নহয়। এতিয়া এই প্ৰশ্ন সম্পূৰ্ণভাৱে অৰ্থনীতি কেন্দ্ৰিক। যেতিয়ালৈকে আৰ্থিকভাৱে স্বচ্ছল অৱস্থা এটাত

উপনীত হ'ব পৰা নাযায়, তেতিয়ালৈকে অন্য প্ৰসঙ্গৰ অৱতাৰণা কেৱল দ্ৰইংৰুমৰ আলোচনাতে শোভা পাই থাকিব। কাৰণ, অভাৱগ্ৰস্ত, দাল-দৰিদ্ৰ জনসাধাৰণক স্বাধীন অসমৰ সপোনেৰে প্ৰত্যায়িত কৰাটো সম্ভৱ নহয়। যি দুবেলা দুমুঠি অন্ন যোগাৰৰ চিন্তাতেই সাৰে থকা সময়খিনি পাৰ কৰি দিব লগা হয়, সি জাতি বা ভাষাগত আত্মনিয়ন্ত্ৰণৰ অধিকাৰ সাব্যস্ত কৰাৰ কথা ভবাৰ অৱকাশেইনো পাব ক'ত? জাতীয় আৱেগ উঠলি উঠি অন্য দিশত প্ৰভাৱ পেলাবলৈ সক্ষম হ'লেও অৰ্থনৈতিক মেৰুদণ্ড গঢ় নোলোৱালৈকে বাস্তৱ ক্ষেত্ৰত জাতীয় ঐক্যৰ স্বপ্ন বাস্তৱত ৰূপায়িত হ'ব নোৱাৰে। ইয়াৰ বাবে গঢ়িব লাগিব এক কৰ্ম সংস্কৃতি বা 'ৱৰ্ক কালছাৰ'। অসমীয়া জাতি কৰ্মবিমুখ হৈ থকা শেষৰ দিনটোলৈকে অসমীয়াত্বৰ ধাৰণাই পূৰ্ণকালীন ৰূপ ধাৰণ কৰিব নোৱাৰে। অসমৰ প্ৰাকৃতিক সম্পদ ব্যৱহাৰৰ অধিকাৰ অসমীয়াৰ হাতলৈ আহিলেই আৰ্থিক দুখ মোচন হ'ব বুলি বিভিন্ন পক্ষৰ পৰা ক'ব বিচৰা হৈছে যদিও এটা কথা মনত ৰখা ভাল যে বহি খোৱা সংস্কৃতি অটুট থাকিলে এই প্ৰাকৃতিক সম্পদৰ তলি উদং হ'বলৈ সৰহদিন নালাগিব।

অসমীয়া জাতিৰ প্ৰকৃত নেতৃত্ব দাবী কৰা কোনো পক্ষই 'অসমীয়াত্ব'টো যে আত্মনিৰ্ভৰশীলতাৰ পৰাহে আহিব, এই কথা জনসাধাৰণক বুজাবলৈ চেষ্টা কৰা দেখা নাই। কাৰণ, তেওঁলোকে জানে যে এই কথা বুজাবলৈ গ'লে স্বভাৱগতভাৱে সোৱৰোপা অসমীয়া জাতিৰ বিৰাগভাজনহে হ'ব লাগিব। গতিকে, ৰাইজৰ মন যোগাই গা এৰা দিয়া ধৰণৰ প্ৰসংগৰে জাতীয় ঐক্য আৰু আত্মনিয়ন্ত্ৰণৰ অধিকাৰৰ প্ৰশ্নত অস্পষ্ট আলোচনাৰেই নিজৰ নেতৃত্বক অক্ষুণ্ণ ৰখাৰ প্ৰয়াস তেৰাসবে কৰি আহিছে। আমি মধ্যপ্ৰাচ্যৰ দেশবোৰৰ পৰা উদাহৰণ ল'ব পাৰো। থলুৱা কোনো কৰ্মসংস্কৃতিবিহীন এই দেশবোৰৰ তৈল ভাণ্ডাৰ উদং হোৱাৰ পাচত দেশবোৰৰ অৱস্থা কি হ'ব পাৰে, এবাৰ কল্পনা কৰকচোন। আজিৰ পৰিস্থিতিত 'অসমীয়াত্ব'ৰ প্ৰসংগৰ ভৱিষ্যতো এই দেশবোৰতকৈ সুকীয়া বুলি বুকু ঠাঠি ক'ব নোৱাৰি। সেয়েহে, খাদ্য শস্যৰ স্বাৱলম্বিতাৰ পৰা আৰম্ভ কৰি শেহতীয়া প্ৰযুক্তি কৌশল আয়ত্ত কৰি অসমখন চহকী কৰাৰ সংকল্প সন্মুখত লৈ নতুন অসম এখন গঢ়াৰ পাচতহে প্ৰকৃত 'অসমীয়াত্ব' সাব্যস্ত কৰাৰ বাবে হাতে-কামে লাগিব পৰা যাব। তাৰ বাবে আজিৰ পৰাই আৰম্ভ হ'ব লাগিব এক সঁচা অৰ্থৰ কৰ্মসংস্কৃতি।

দৈনিক জনমভূমি ঃ ২ এপ্ৰিল ১৯৯১ (সম্পাদক যতীন্দ্ৰ কুমাৰ বৰগোহাঞিও)

অসমত জনমুখী শিক্ষাৰ প্ৰসংগ

শিক্ষাৰ জনমুখিতা সম্পৰ্কীয় যিকোনো চিন্তাচৰ্চা কৰিবলৈ ওলালেই ভাৰতবৰ্ষৰ সাম্প্ৰতিক শোচনীয় ৰূপটো আমাৰ দৃষ্টিত ধৰা দিয়ে। আজি ভাৰতত শিক্ষাৰ মান ইমান অৱনমিত হৈছে আৰু প্ৰায়োগিক দিশ সম্পৰ্কে ইমান অৱজ্ঞাৰ লক্ষণ পৰিস্ফুট হৈছে যে শিক্ষা সম্পৰ্কত জনসাধাৰণৰ ধাৰণা স্পষ্ট নহয় বুলি ন দি ক'ব পৰা বিধৰ হৈ পৰিছে। অথচ তেনে সাধাৰণীকৰণৰ অপবাদেও এই দিশত সচেতনভাৱে কিছু যোগাত্মক প্ৰতিবন্ধকতা গঢ়ি তোলাৰ জোখাৰে জনমত সৃষ্টি কৰিব নোৱাৰাটো কেৱল আশ্চৰ্যকৰেই নহয়, ই সমগ্ৰ ভাৰতীয় ব্যৱস্থাটোৰ স্থূলতাকে সূচাইছে। দিনৰ পোহৰৰ দৰে প্ৰকট সমস্যা এটা সমাধানৰ অক্ষমতাই সঁচা অৰ্থত অশুভ শক্তিবোৰে গা কৰি উঠাকেই প্ৰতীয়মান কৰে। এই দিশত কৰণীয় সম্বন্ধে চিন্তা কৰাৰ অৱকাশ উলিয়াই ল'ব নোৱাৰিলে আগত দিনবোৰে উত্তৰ পুৰুষলৈ কোনো শুভ সংবাদ কঢ়িয়াই আনিব বুলি ক'ব নোৱাৰি। সেয়েহে, এই দিশটোলৈ বিশেষভাৱে মনত ৰাখি দুটামান কথা মুকলিভাৱে আঙুলিয়াই দিয়াৰ প্ৰয়োজন বোধ কৰিছো।

শিক্ষাৰ জনমুখিতা বুলি ক'লে দুটা বিভাজন অতি স্পষ্ট। এটা হ'ল, আনুষ্ঠানিক শিক্ষাই জনগণৰ প্ৰতিগৰাকীকে স্পৰ্শ কৰাত লাভ কৰা সফলতা, আৰু আনটো হ'ল, আনুষ্ঠানিক শিক্ষা লভা সকলৰ শিক্ষাৰ ফলপ্ৰসূ প্ৰয়োগ সুনিশ্চিত কৰা। এই দুয়োটা দিশতে আমাৰ শিক্ষা জগতৰ গুৰি ধৰোতাসকলৰ দৃষ্টিভংগী সুস্পষ্ট আৰু স্বচ্ছ নহয় বুলিয়েই দীৰ্ঘদিনীয়া অভিজ্ঞতাই আমাক শিকাই আহিছে। ইয়াৰ প্ৰথমটো ক্ষেত্ৰত আনুষ্ঠানিকতা লৈ ঢাক-ঢোল বজাই থাকিবলৈ এছাম লোক এনেদৰে তৎপৰ যে এই দিশত সঁচা আন্তৰিকতাৰে কাম কৰাৰ উৎসাহ আৰু পৰিকল্পনা ক্ৰমাৎ স্তিমিত হৈ আহিছে। দৰাচলতে, এনে ধৰণে আৰম্ভ কৰা যিকোনো কামেই 'বহ্বাৰম্ভে লঘুক্ৰিয়া' হ'বলৈ বাধ্য। এনে কাৰ্যসূচী সুনিৰ্দিষ্ট ৰূপত চিনাক্ত কৰিবলৈ বেছি দূৰলৈ বা অপৰিচিত প্ৰসংগলৈ যোৱাৰ প্ৰয়োজন নাই। আমি সদায় দেখা আমাৰ চৰকাৰী আৰু জনসমৰ্থনপ্ৰাপ্ত কাম-কাজবোৰক সতৰ্কতাৰে পৰ্যবেক্ষণ আৰু বিশ্লেষণ কৰিলেই বিষয়টোৰ সত্যাসত্য নিৰ্ধাৰিত হ'ব।

১৯৯০ চনত আমি দেখিছো, কেৰালা ৰাজ্যত সম্পূৰ্ণ সাক্ষৰতাৰ লক্ষ্যত উপনীত

হ'ব পৰা গৈছে বুলি চৰকাৰী ব্যৱস্থাটোৰ ৰক্ষক আৰু সংবাদ মাধ্যমে পৰস্পৰে পৰস্পৰক চাব্বাচি দিয়াৰ অন্তহীন কুচকাৱাজ। সেই কুচকাৱাজৰ ভিত্তিতে শিক্ষাই জনমুখিতা অর্জনৰ পথত আৰু এঢাপ আগুৱালে বুলি সর্বসাধাৰণে সন্তুষ্টি প্রকাশ কৰিলে। কিন্তু, এই পূর্ণ সাক্ষৰতা কার্যসূচীৰ কর্মতৎপৰতা যেনে-তেনে এটা নির্দিষ্ট তাৰিখৰ ভিতৰত ৰাজ্যখনৰ প্রতিখন জিলাৰ প্রতিজন সুস্থ লোকক নিজৰ নামৰ চহীটো কৰিবলৈ শিকোৱা লক্ষ্যত সীমাবদ্ধ হৈ আছিল। টিপচহীৰ সলনি কলমটো হাতত লৈ স্বাক্ষৰ দিব পৰা এই সক্ষমতাখিনিৰ ভিত্তিতে এজন লোকক সাক্ষৰ বুলি অভিহিত কৰা প্রক্রিয়াটো বিপজ্জনক। কাৰণ, বহুক্ষেত্রত ওলাই পৰিছে যে তেনেকৈ স্বাক্ষৰ দিবলৈ শিক্ষা বহুলোকে তেওঁলোকে কৰা স্বাক্ষৰত কিনো লিখা হ'ল, তাক বানান জোৰাই পঢ়ি দিবলৈকে সক্ষম নহ'ল। অবুজ শিশু এটাক ছবিৰ নামত আঁকবাক কৰিবলৈ শিকোৱাৰ দৰে অশিক্ষিত, নিৰক্ষৰ লোকসকলক ছবি অঁকাৰ দৰে নিজৰ নিজৰ নামটো লিখিবলৈ শিকোৱা হৈছিল। তাৰ পূর্বে, বর্ণমালাৰ প্রাথমিক জ্ঞান, বা নিয়মীয়া পাঠদান কার্যসূচীৰ সৈতে এইসকল লোকক পৰিচিত কৰোৱা নহ'ল। ফলত, লোক প্রদর্শক হিচাপে কেৱল চহী কৰিবলৈ শিকাই কি ধৰণৰ সাক্ষৰতাৰ লক্ষ্যত উপনীত হ'ব পৰা গ'ল, সেয়া চিন্তা কৰিব পৰা লোকসকলৰ বুদ্ধিয়ে ঢুকি নাপালে। সেয়েহে, এনে ধৰণৰ কার্যসূচীৰ কোনো ভৱিষ্যৎ নাই বুলি আমি দৃঢ়মত পোষণ কৰিব পাৰো। কাৰণ, এনেদৰে চহী কৰিবলৈ শিকি সাক্ষৰৰ শাৰীত থিয় হোৱাসকলে পঢ়িবলৈকো নিশিকিলে বা লিখিবলৈকো নিশিকিলে। সমাজৰ পৰা 'বাহ বাহ' লোৱা কামতহে এনে কার্যসূচীবোৰক ব্যৱহাৰ কৰিব পৰাকৈ উদ্যোক্তাসকল সজ্জিত হ'ল। কেৰালাখনৰ এই ঘটনাটো এটা সাধাৰণ পটন্তৰহে। বাস্তৱিকতে, আজি ভাৰতীয় মনটো সামগ্রিকভাৱে এনে স্থূলৰুচিৰ সন্তীয়া খ্যাতি আৰু প্রশংসা অর্জাৰ চিন্তাতেই আবদ্ধ হৈ আছে। গতিকে, সৎ উদ্যমেৰে কাম কৰাৰ মানসিকতাবোৰ অৱদমিত হৈ ৰ'বলৈ বাধ্য হৈছে।

আজিৰ সমাজৰ প্রতিজন সচেতন নাগৰিকৰ দায়িত্ব হ'ল এনেবোৰ উদ্দেশ্যবিহীন আৰু অপৰিকল্পিত কার্যসূচীক নিৰুৎসাহিত কৰা আৰু তাৰ সলনি সঁচা বাস্তৱসন্মত এলানি আঁচনি প্রস্তুত কৰি আগবঢ়া। এই দিশত আগবঢ়াৰ বাবে প্রথম পূর্বচর্ত হ'ব, আঁচনিটোৰ সৈতে জড়িত প্রতিগৰাকী ব্যক্তি সৎ আৰু নিষ্ঠাৱান হ'ব লাগিব আৰু ৰাইজৰ আগত ঢোলে-দগৰে ৰজনজনাই যোৱাকৈ আত্মপ্রচাৰ কৰি প্রশংসা অর্জন কৰাতকৈ প্রকৃত লক্ষ্যত উপনীত হোৱাৰ চিন্তাহে তেওঁলোকৰ সমস্ত কাম-কাজৰ

মাজেৰে প্ৰতিফলিত হ'ব লাগিব। সমাজৰ প্ৰতিজন লোককে সাক্ষৰ, অৰ্থাৎ লিখা-পঢ়া কৰিবলৈ যোগ্য, কৰি তোলাত ছাত্ৰ-ছাত্ৰী তথা শিক্ষিত নিবনুৱা যুৱশক্তিকো ব্যৱহাৰ কৰিব পৰা যায়। এই ক্ষেত্ৰত নিৰ্দিষ্ট এক তাৰিখৰ লক্ষ্যতকৈ নিৰ্দিষ্ট এক সাফল্য অৰ্জনৰ অনিৰ্ধাৰিত সময়ৰ লক্ষ্য বান্ধি দিলেহে কাৰ্যসূচী সফলকাম হ'ব বুলি আমি ধাৰণা কৰোঁ। আমি বেচৰকাৰী ভিত্তিত এনে এক কাৰ্যসূচী প্ৰস্তুত কৰিছিলো। চৰকাৰ, স্বেচ্ছাসেৱী সংগঠন, বৃহৎ ব্যৱসায়িক গোষ্ঠী, ছাত্ৰ-যুৱ সংগঠন আৰু শিক্ষাব্ৰতী লোকসকলৰ সহায়-সহযোগ আৰু আন্তৰিক হাত উজানে অসমৰ দৰে অনগ্ৰসৰ ৰাজ্যতো পূৰ্ণ সাক্ষৰতাৰ জোৱাৰ আনিব পাৰে। এই কাৰ্যসূচী সফলকাম কৰিব পাৰিলে বহু প্ৰচাৰিত শিক্ষিত মানুহৰ ৰাজ্য কেৰেলাতকৈ বেছি বাস্তৱমুখী আৰু জনমুখী বুলি পৰিগণিত হ'ব।

আমাৰ ৰাজ্য অসমত নিজাকৈ কিবা কৰাতকৈ আনৰ কামক সমালোচনা কৰাত অগ্ৰাধিকাৰ দিয়াৰ প্ৰৱণতাটোৰে কাম কৰি থকা অৱস্থাত নিজাকৈ সৃষ্টিশীল আঁচনি এখন যুগুত কৰি হাতে-কামে লাগি যোৱাত গুৰুত্ব দি স্থবিৰতাই গ্ৰাস কৰি থোৱা অসমৰ পৰিৱেশটোত এক নতুন চিন্তা আৰু উদ্যমৰ জোৱাৰ অনাটোৰেই আমাৰ মূল উদ্দেশ্য।

আমাৰ নিজা আঁচনিখন ৰাইজৰ আগত দাঙি ধৰাৰ আগতে এক বিতৰ্ক গঢ়ি তোলাত গুৰুত্ব দিব বিচাৰিছো, যাতে এই বিতৰ্কৰ মাজেৰে অভিজ্ঞ হৈ আমাৰ আঁচনিত থকা ভুল-ক্ৰটি চিনাক্ত আৰু সংশোধন কৰি পূৰ্ণাংগ ৰূপেৰে ৰাইজৰ আগত দাঙি ধৰিব পৰা যায়। জনমুখী শিক্ষাৰ বাস্তৱমুখিতা আৰু ইয়াক কাৰ্যকৰী কৰাৰ ওপৰত এক সুস্থ বিতৰ্কই চিন্তাৰ নতুন দিগন্ত উন্মোচন কৰিব বুলি আমাৰ দৃঢ় বিশ্বাস।

তাৰ পাচতেই আহিব আনুষ্ঠানিক শিক্ষা লাভ কৰাসকলৰ দৈনন্দিন জীৱনত এই শিক্ষাৰ সফল প্ৰয়োগৰ প্ৰসংগ। বহু বিখ্যাত মনীষীয়ে কৈ গৈছে— 'সেই শিক্ষা মূল্যহীন, যাৰ জীৱনৰ সৈতে সম্পৰ্ক নাই।' আমি দেখিছো, প্ৰায়োগিক সূচলৰ অভাৱত আমাৰ শিক্ষা ব্যৱস্থাটোৰেই অৰ্থৱ হৈ পৰিছে। ই এটা ডিগ্ৰী দানৰ কাৰখানা হৈ পৰিছে, য'ৰ পৰা ওলাই অহা যন্ত্ৰীসৰে এই ডিগ্ৰীটোৰ সহায়ত কৰ্ম সংস্থাপনৰ ব্যৱস্থা কৰিব পাৰিলেও শিকি অহা কথাবোৰৰ কিন্তু কোনো মূল্য নাথাকে। এই প্ৰসংগটো অতি গুৰুত্বপূৰ্ণ। এই অৰ্থৱ ব্যৱস্থাটোৰে কেৱল সময়, শক্তি আৰু বহু মূল্যৱান অৰ্থৰেই অপচয় হোৱা নাই, তাৰ লগে লগে পংগু একোটা মন লৈ নতুন

একোছাম পুৰুষ-নাৰী গঢ় লৈ উঠিছে, যিসকলৰ হাতত দৈনন্দিন জীৱন-সংগ্ৰামৰ মুখামুখি হোৱাৰ জোখাৰে কোনো আহিলা-পাতি নাই। আমি বাস্তৱ অভিজ্ঞতাৰে দেখা ই এক দুৰ্ভাগ্যজনক ঘটনাই কেৱল নহয়, ইয়াৰ সুদূৰপ্ৰসাৰী ফলসমূহো অতি ভয়াৱহ।

দৈনিক জনমভূমি ঃ ১৫ জুন ১৯৯২ (সম্পাদক ঃ যতীন্দ্ৰ কুমাৰ বৰগোহাঞিঃ)

সাপ্তাহিক নীলাচল ঃ ৫ জুলাই ১৯৯৫ (প্ৰতিষ্ঠাতা সম্পাদক ঃ হোমেন বৰগোহাঞিঃ)

বিশিষ্ট কবি সমীৰ তাঁতীৰ সৈতে অৰ্ণৱ জান ডেকা (২০০৮)

বিশিষ্ট গল্পকাৰ, চলচ্চিত্ৰ পৰিচালক আৰু প্ৰান্তিকৰ মুখ্য সম্পাদক ডঃ ভবেন্দ্ৰ নাথ শইকীয়া, তৰুণ চলচ্চিত্ৰকাৰ শংকৰ বৰুৱা আৰু আমেৰিকাৰ ই আৰ পি সংস্থাৰ ভাৰতীয় মুৰব্বী ৰঞ্জন দাসৰ সৈতে অৰ্ণৱ জান ডেকা (১৯৮৬)

অসমৰ কাৰিকৰী শিক্ষাৰ মূল্যায়ন

অসমত কাৰিকৰী শিক্ষাৰ প্ৰসাৰণৰ ইতিহাস তেনেই চমু নহয়। অৱশ্যে, ব্যৱহাৰিক আৰু শৈক্ষিক দিশৰ সামঞ্জস্য আৰিক্ষাৰৰ প্ৰশ্নটোৰ সমাধানৰ সন্ধান কৰাটো হয়তো কিছু কষ্টকৰ হ'ব পাৰে। উনবিংশ শতিকাৰ শেষ ভাগতে অসমত প্ৰথম কাৰিকৰী শিক্ষাৰ প্ৰতিষ্ঠান স্থাপিত হৈছিল। অৱশ্যে সেই শিক্ষা তেনেই প্ৰাথমিক স্তৰৰ আছিল বাবেই সেই সময়ত অতি প্ৰাথমিক স্তৰৰ কাৰিকৰী কৰ্মীহে অসমত তৈয়াৰ কৰাটো সম্ভৱ হৈছিল। এওঁলোকে কোনো ক্ষেত্ৰতে মুখ্য ভূমিকা পালন কৰিব নোৱাৰিছিল। সেইবাবে, উচ্চস্তৰৰ কাম-কাজৰ পৰিকল্পনা আৰু পৰিচালনাৰ বাবে উচ্চ শিক্ষাপ্ৰাপ্ত প্ৰযুক্তিবিদ এই শতিকাৰ মাজভাগলৈকে অসমলৈ আমদানি কৰিব লগা হৈ আছিল। যি মুষ্টিমেয় দুই-এজন থলুৱা বাসিন্দাই নিজা উদ্যোগত অসমৰ বাহিৰত উচ্চশিক্ষা লাভ কৰি আহি অসমত গুৰুত্বপূৰ্ণ পদত অধিষ্ঠিত হৈছিল, সেয়া এপাচি শাকত এমুঠি জালুকৰ লেখীয়াহে আছিল। পাচলৈ এই দিশতো পৰিৱৰ্তনৰ সূচনা হ'ল।

এই কুৰি শতিকাৰ অন্তিম দশকত ভৰি দিয়া ক্ষণত তিনিখন অভিযান্ত্ৰিক মহাবিদ্যালয়, এখন কৃষি বিশ্ববিদ্যালয় আৰু তাৰ অন্তৰ্গত পশু চিকিৎসা, মীন, কৃষি আদি বিভাগীয় মহাবিদ্যালয়সমূহ, ডিপ্ল'মা প্ৰদান কৰা কাৰিকৰী প্ৰতিষ্ঠান আৰু ঔদ্যোগিক প্ৰশিক্ষণ কেন্দ্ৰ আদিৰে অসমে কিছু পৰিমাণে পূৰ্ণতা লাভ কৰিছে। ১৯৮৫ চনত স্বাক্ষৰিত অসম চুক্তি অনুসৰি ভাৰতীয় কাৰিকৰী প্ৰতিষ্ঠানখনিৰ নিৰ্মাণ কাৰ্য সম্পূৰ্ণ হোৱাৰ পৰিপ্ৰেক্ষিতত কাৰিকৰী শিক্ষাৰ ক্ষেত্ৰত অসমে স্বয়ংসম্পূৰ্ণতা অৰ্জন কৰিব বুলি আশা কৰা যায়। সেইটো পৰ্যায় পোৱাৰ পূৰ্বেই সম্প্ৰতি আমি স্নাতক, ডিপ্ল'মা আৰু চাৰ্টিফিকেটধাৰী কাৰিকৰী লোকেৰে অসম উপচি পৰাটো লক্ষ্য কৰিছো। পিচে মন কৰিবলগীয়া কথাটো হ'ল, এটা দিশেৰে বৃহৎ সংখ্যক কাৰিকৰী শিক্ষাৰে শিক্ষিত কৰ্মী বাহিনীৰ সৃষ্টি কৰা হৈছে যদিও অসমৰ সামগ্ৰিক বিকাশত এই বিশাল মানৱ সম্পদৰ সম্পূৰ্ণ সদব্যৱহাৰ সম্ভৱ হোৱা নাই। সেয়েহে, কেৱল ঔদ্যোগিক দিশতে অসম অনগ্ৰসৰ হৈ ৰোৱা নাই। অসমৰ দীৰ্ঘকালীন সমস্যাসমূহ, যেনে— বানপানীৰ সমস্যা, জলসিঞ্চনৰ সমস্যা, উপযুক্ত বাট-পথ

নিৰ্মাণৰ সমস্যা, আধুনিক পদ্ধতিৰ কৃষি কাৰ্যৰ সমস্যা, বিদ্যুতৰ নাটনিৰ সমস্যা, এইবোৰৰো স্থায়ী সমাধান উদ্ভাৱন কৰাটো সম্ভৱ হোৱা নাই।

এই ক্ষেত্রত দুটা কথা পোনতেই লক্ষ্য কৰা যায়। এটা হ'ল, কিছুমান ক্ষেত্রত উপযুক্ত অৰ্হতাসম্পন্ন আৰু পৰ্যাপ্ত সংখ্যক কাৰিকৰী লোক নিয়োগ কৰা হোৱা নাই। ইয়াৰ ফলত, সেই সমস্যাৰ ক্ষেত্রবোৰক বিশ্লেষণ কৰা আৰু প্রতিবিধানৰ সুপৰিকল্পিত কার্যসূচী আৰম্ভ কৰাৰ প্রক্রিয়াটোৰে গতি লাভ কৰা নাই। আনটো দিশ হ'ল, যিবোৰ ক্ষেত্রত প্রয়োজনীয় আৰু প্রয়োজনাধিক সংখ্যক লোক নিয়োজিত হৈ আছে, তাত উপযুক্ত পৰিকল্পনা আৰু সৎ মনোভাৱেৰে বুজাবুজিৰ মাজেৰে কাম কৰাৰ পৰিৱেশ সৃষ্টি হোৱা নাই। গতিকে, প্রকৃত বাস্তৱমুখী পৰিকল্পনাৰ অভাৱকে আমি অসমত প্রগতিৰ পথৰ মুখ্য অন্তৰায় বুলি বিবেচনা কৰোঁ।

কিন্তু, আমি যদি অসমত শিক্ষাদান আৰু গ্রহণৰ প্রক্রিয়াটোক যথাযথ সতর্কতাৰে অধ্যয়ন কৰোঁ, তেন্তে প্রচলিত ব্যৱস্থাটোৰ মাজত থকা আসোঁৱাহসমূহ আৱিষ্কাৰ কৰাটো কঠিন নহ'ব। সামগ্রিকভাৱে, অসমৰ শৈক্ষিক পৰিমণ্ডলটোত বাস্তৱৰ সৈতে মুখামুখি হোৱাৰ অর্থে বিদ্যার্থীসকলক প্রস্তুত কৰাৰ কোনো আন্তৰিক আৰু বাস্তৱমুখী আয়োজন চকুত নপৰে। একোটা ডিগ্রী বা চাকৰিৰ বজাৰত মূল্য থকা একোখন চার্টিফিকেট বা ডিপ্ল'মা আহৰণ কৰাৰ বাবে বিদ্যার্থীসকলক প্রস্তুত কৰাতেই শিক্ষা ব্যৱস্থাটোৰ সফলতা বুলি ভবা মানসিকতা এই ক্ষেত্রত বাধা ৰূপে থিয় দিয়ে। আমাৰ শিক্ষা জগতৰ এই মনটোৰ সম্প্রসাৰণ কাৰিকৰী শিক্ষানুষ্ঠানবোৰলৈকো ঘটিছে বুলি কোৱাটো অযুক্তিকৰ নহ'ব। আমাৰ কাৰিকৰী শিক্ষানুষ্ঠানবোৰতো সাধাৰণ দৃষ্টিভঙ্গী এই সীমাৰ উর্ধত নহয়। গতিকে, জটিল কাৰিকৰী দিশবোৰ সম্পর্কে ব্যৱহাৰিক জ্ঞান অৰ্জাৰ পৰিৱর্তে শিক্ষার্থীসকলে পৰীক্ষাত ভাল নম্বৰ পোৱাৰ লক্ষ্যৰেহে অধ্যয়ন কৰে। অধ্যয়ন ক্ষেত্রখনৰ এনে সীমাবদ্ধতাই তেওঁলোকৰ জ্ঞানৰ পৰিধিও সীমিত কৰি আনে।

কাৰিকৰী শিক্ষা বোলোতে সর্বসাধাৰণ নাগৰিকৰ যিটো ধাৰণা, অসমৰ কোনো এখন কাৰিকৰী শিক্ষাৰ অনুষ্ঠানৰ পৰিৱেশ তাৰ সমার্থক নহয়। অসমৰ থলুৱা পৰিৱেশ সম্বন্ধীয় তথ্য সমৃদ্ধ বিষয় বিভিন্ন বিভাগীয় পাঠ্যক্রমত অন্তর্ভুক্ত নহয়। ফলত, থলুৱা সমস্যাবোৰৰ সম্যক জ্ঞান আহৰণৰ সুযোগ ছাত্রাৱস্থাত লাভ কৰাটো অসম্ভৱ

হৈ পৰে। তদুপৰি, বিষয়বোৰৰ বিশ্লেষণো স্থানীয় সমস্যাবোৰৰ সৈতে খাপ খোৱা বিধৰ নহয়। সেইকাৰণে, কাৰিকৰী শিক্ষা সমাপ্ত কৰি কাৰ্যক্ষেত্ৰত নামি যোৱাসকলে পূৰ্বে শিকি অহা বিষয়বোৰ কৰ্মক্ষেত্ৰত প্ৰয়োগ কৰিবলৈ ওলাই বিপাঙত পৰে।

আন এটা গুৰুত্বপূৰ্ণ দিশ হ'ল, কিছুমান শিক্ষানুষ্ঠানত প্ৰয়োজনীয় গুৰুত্বৰে পাঠদান কাৰ্য সমাধা হোৱাৰ অনুকূল পৰিৱেশ ৰক্ষিত নোহোৱাটো। অসমীয়া সমাজত আজিও কাৰিকৰী শিক্ষানুষ্ঠানত অধ্যয়নৰ বাবে নামভৰ্তি কৰা বিদ্যাৰ্থীসকলৰ প্ৰতি বিশেষ সমাদৰ লক্ষ্য কৰা যায়। এই অনুৰাগখিনিয়ে দিয়া সুৰক্ষা আৰু ভৱিষ্যতৰ নিৰাপত্তাৰ প্ৰতিশ্ৰুতিৰ অপব্যৱহাৰ কৰি বিদ্যাৰ্থীসকলৰ কিছুসংখ্যকে বিদ্যা অৰ্জনৰ লগতে অন্যান্য অসামাজিক কামতো সমাজৰ আঁৰত থাকি অংশগ্ৰহণ কৰিবলৈ ধৰে। শিক্ষা গ্ৰহণৰ সময়তো মূৰ পোলোকা মৰাৰ লগতে তোষামোদ আৰু 'গ্ৰুপিজিমে' কোনো কোনো ক্ষেত্ৰত প্ৰাসংগিকতা অৰ্জন কৰাৰ অভিজ্ঞতাৰ সৈতে মুখামুখি হ'বলগীয়া হোৱাটো আশ্চৰ্যজনক পৰিঘটনা হৈ থকা নাই। এইবোৰ কাৰকে এছাম ছাত্ৰক শিক্ষা সম্পূৰ্ণ কৰাৰ পূৰ্বেই মানসিকভাৱে পংগু কৰি পেলায়। তেনে লোকসকল শিক্ষাগত অৰ্হতাসম্পন্ন হ'লেও ব্যৱহাৰিক দিশত দায়িত্ব গ্ৰহণৰ বাবে যোগ্য হৈ নাথাকে। কিন্তু, কেৱল ডিগ্ৰীৰ ওপৰতে নিৰ্ভৰ কৰি সুচল জীৱিকা আহৰণৰ ব্যৱস্থাটো আমাৰ দেশত প্ৰাসংগিক হৈ থকা বাবে তেওঁলোকে অযোগ্য হৈয়ো গুৰুত্বপূৰ্ণ স্থানত অভিষিক্ত হোৱাৰ সুযোগ পায়। গতিকে সামগ্ৰিকভাৱে এই প্ৰক্ৰিয়াটোৱে অসমলৈ দুৰ্যোগ মাতি আনিছে।

তদুপৰি, কাৰিকৰী বিভাগবোৰৰ মাজত প্ৰচলিত ব্যাপক দুৰ্নীতি আৰু অনিয়মেও শিক্ষা লাভৰ কালতে ছাত্ৰসকলৰ মনবোৰ কলুষিত কৰি ৰাখে। এনেদৰে কলুষিত হোৱা মনবোৰ সৎ উদ্দেশ্য লৈ শিক্ষা অৰ্জনৰ পথত বাধা হৈ থিয় দিয়ে। এই দিশটোৰ তাৎপৰ্য যথেষ্ট ব্যাপক আৰু সুদূৰপ্ৰসাৰী। এই দিশটোৰ সম্পৰ্কত সচেতন আৰু সুচিন্তিত গৱেষণাৰ কাৰ্যসূচীয়ে নতুন চিন্তামুক্তিৰ দ্বাৰ উন্মোচন কৰি তোলাৰ সম্ভাৱনা আছে।

এই আলোচিত প্ৰসংগবোৰে এটা কথা প্ৰতীয়মান কৰি তোলে যে কাৰিকৰী শিক্ষাই আজিও অসমত ফলপ্ৰসূ ভূমিকা অৰ্জন কৰাত সম্পূৰ্ণ সাফল্য অৰ্জন কৰিব পৰা নাই। অসমৰ দীৰ্ঘদিনীয়া সমস্যাসিমূহৰ সমাধানৰ পথ আৱিষ্কাৰ কৰাত কাৰিকৰী অৰ্হতাবানসকলৰ পেছাদাৰী ব্যৰ্থতাৰ পৰিণাম স্বৰূপে সমস্যাবোৰে ব্যাপকৰ পৰা

ব্যাপকতৰ ৰূপ পৰিগ্রহণ কৰিছে। সেয়েহে, শিক্ষা ব্যৱস্থাটোৰ এক আমূল পৰিৱর্তনৰ আৱশ্যক। পৰীক্ষামুখিতাৰ পৰা জ্ঞান অর্জনৰ ক্ষেত্রলৈ কাৰিকৰী শিক্ষাৰ উদ্দেশ্যক সম্প্রসাৰিত কৰিব লাগিব। এই ধৰণৰ দৃষ্টিভংগী গ্রহণ কৰিলেহে অসমত কাৰিকৰী শিক্ষাৰ প্রাসংগিকতাক তাৎপর্যপূর্ণ ব্যাখ্যাৰে সমৃদ্ধ কৰিব পৰা যাব।

আকাশবাণী ঃ যোৰহাট অনাতাঁৰ কেন্দ্র ঃ ১৯ আগষ্ট ১৯৯১

দৈনিক জনমভূমি ঃ ২৪ ফেব্রুৱাৰী ১৯৯২ (সম্পাদক- যতীন্দ্র কুমাৰ বৰগোহাঞিও)

অগ্রদূত ঃ মার্চ ১৯৯২ (সম্পাদক- কনকসেন ডেকা)

ৰংপুৰ ঃ ২৪ আগষ্ট ১৯৯৩ (সম্পাদক- ডঃ লক্ষ্মীনন্দন বৰা)

ভাৰতৰ শীর্ষস্থানীয় কবি, গীতিকাৰ তথা জনপ্রিয় হিন্দী চলচ্চিত্র পৰিচালক গুলজাৰৰ সৈতে অর্ণৰ জ্ঞান ডেকা (১৯৯২)

অসমৰ যুৱ সমাজত নিচাযুক্ত দ্ৰাগৰ প্ৰভাৱ

আজি সমগ্ৰ বিশ্বতে নিচাযুক্ত দ্ৰব্য বা দ্ৰাগৰ ব্যৱহাৰ যুৱক-যুৱতীৰ ক্ষেত্ৰত এক ভয়াৱহ সমস্যা বুলি বিবেচিত হৈছে। বিগত কেইবাটাও দশক ধৰি পশ্চিমীয়া দেশবোৰত দ্ৰাগৰ প্ৰাদুৰ্ভাৱ থাকিলেও আশীৰ দশকৰ পৰাহে ই এটা মুখ্য সমস্যা হৈ পৰিছে। ভাৰতবৰ্ষতো সমসাময়িকভাৱে দ্ৰাগৰ প্ৰৱেশ ঘটিলেও অসমৰ নতুন পুৰুষ ইয়াৰ পৰা আঁতৰত আছিল বুলিয়েই ক'ব পাৰি। কিন্তু, যোৱা কেইটামান বছৰৰ ভিতৰতে অসমত ই প্ৰৱেশ কৰাই নহয়, ইতিমধ্যে এই সমস্যা বহু দ'লৈকে শিপালে। সোনকালে সেই দিশত কোনো ইতিবাচক ব্যৱস্থা নল'লে সমস্যাটো আয়ত্তৰ বাহিৰলৈ গুছি যাব।

ভিন ভিন বেশত দ্ৰাগছৰ ব্যৱহাৰ অতি প্ৰাচীন কালৰ পৰাই মানুহৰ মাজত আছে। মানুহে সদায় ব্যৱহাৰ কৰি অহা ধপাত, চাহ, কফি, চুৰট আদিতো বিভিন্ন মাত্ৰাত দ্ৰাগ উপস্থিত থকাৰ কথা সকলোৱে জানে। এইবোৰৰ উপৰিও, পৰম্পৰাগতভাৱে অসমত চলি অহা কানিৰ ব্যৱহাৰ এই কুৰি শতিকাৰ আৰম্ভণিলৈকে অব্যাহত আছিল। পিছে, সকলো ধৰণৰ দ্ৰাগেই মানৱ জীৱনৰ বাবে ক্ষতিকাৰক নহয়। বিভিন্ন ৰোগত দৰৱ ৰূপে ব্যৱহৃত দ্ৰাগৰ কিছুমানো নিচাযুক্ত যদিও চিকিৎসকৰ দিহা মতে নিৰ্দিষ্ট অনুপানত ব্যৱহাৰ কৰি আৰোগ্য লভিব পাৰি। আকৌ, সেই একে দ্ৰাগ ব্যৱহাৰ কৰি নিচা কৰাও দেখা যায়। ভিন ভিন প্ৰকাৰৰ নিচাযুক্ত দ্ৰব্যৰ মাজৰ পৰা স্বাস্থ্যবিজ্ঞানীসকলে কেইটামান বিশেষ দ্ৰাগক শৰীৰৰ বাবে বিশেষভাৱে ক্ষতিকাৰক বুলি গণ্য কৰিছে। এই সমীক্ষাৰ আলমত বিশ্বজুৰি এনে দ্ৰাগৰ বিৰুদ্ধে জনমত গঢ়ি উঠিব ধৰিছে আৰু বিভিন্ন দেশীয় চৰকাৰে ইয়াৰ প্ৰচলন নিৰ্মূল কৰাৰ বাবে বিভিন্ন আইনো প্ৰণয়ন কৰিছে। এনে দ্ৰাগৰ ভিতৰত উল্লেখযোগ্যবোৰ হ'ল— হিৰোইন বা ব্ৰাউন চুগাৰ, কোকেইন, আফিম, গাঞ্জা আৰু এল, এছ ডি।

এই আলোচিত দ্ৰাগসমূহে ইতিমধ্যে অসম ছানি ধৰিছে। দৰাচলতে, অসমৰ পূৰ্বেই উত্তৰ-পূৰ্বাঞ্চলৰ অন্যান্য ৰাজ্যসমূহ দ্ৰাগৰ কৰাল গ্ৰাসত পৰিছিল। তাৰ পৰা

ক্ৰমান্বয়ে দ্ৰাগৰ ব্যৱসায়ীসকলে অসমৰ যুৱক-যুৱতীলৈয়ো আধুনিক সভ্যতাৰ এই অভিশাপ আগবঢ়ালে। এইবিধ দ্ৰব্যৰ নিচা এনেধৰণৰ যে এবাৰ সেৱন কৰোতাজন ইয়াৰ প্ৰতি আসক্ত হৈ পৰে। কেইবাৰমান ব্যৱহাৰ কৰা পিছত ইয়াক এৰিব নোৱাৰা হয় আৰু নিতৌ নিচা কৰাৰ বাবে এটা নিৰ্দিষ্ট পৰিমাণৰ দ্ৰাগৰ প্ৰয়োজন হয়। সেই কাৰণে, ইয়াৰ সম্প্ৰসাৰণ বৰ সহজ, আৰু চিৰস্থায়ী ভিত্তিতে একোটা অঞ্চলত দ্ৰাগৰ ব্যৱসায় গঢ় লৈ উঠে বুলিব পাৰি।

সাধাৰণতে দ্ৰাগ ব্যৱসায়ীৰ প্ৰধান লক্ষ্য হ'ল, বিভিন্ন শিক্ষানুষ্ঠানত অধ্যয়নৰত ছাত্ৰ-ছাত্ৰীসকল। ইয়াৰ এটা সুবিধা হ'ল, একোটা শিক্ষানুষ্ঠানত দ্ৰাগৰ প্ৰচলন কৰিব পাৰিলে একেলগে বহুতো ক্ৰেতা গোটাব পৰা যায়। কিয়নো, ছাত্ৰ-ছাত্ৰীসকলৰ মাজৰ এজন দ্ৰাগ সেৱনকাৰী হ'লে তেওঁৰ সমনীয়া বহুতে নিতান্ত কৌতূহলবশতঃ ইয়াৰ সোৱাদ ল'বলৈ আগ্ৰহ কৰে। এনেদৰে একে সময়তে বহুতো নতুন দ্ৰাগসেৱনকাৰীৰ জন্ম হয়। এওঁলোকৰ মাজত গোপনে দ্ৰাগৰ যোগান ধৰাও তুলনামূলকভাৱে সহজ। কিয়নো, ছাত্ৰসকলৰ মাজত এই ব্যৱসায়ৰ বিস্তাৰ হ'লেও ই এটা ক্ষয়ংকৰী পৰ্যায় নোপোৱালৈকে লোকচক্ষুত ধৰা নপৰে। সাধাৰণতে, ছাত্ৰৰ সমাজখনৰ ব্যক্তিগত কাৰ্যকলাপ সৰ্বসাধাৰণ সমাজখনৰ পৰা বিচ্ছিন্ন হৈ থাকে। গতিকে, এই বিচ্ছিন্নতাৰ গাতে ভেজা দি দ্ৰাগ সেৱনৰ দৰে কাৰ্যও ত্ৰ্বৰান্বিত হয়। শিক্ষানুষ্ঠানৰ ছাত্ৰাবাস সমূহৰ ছাত্ৰসকল যিহেতু সম্পূৰ্ণভাৱে স্বাধীন, তাত দ্ৰাগৰ দৰে বস্তুবোৰৰ প্ৰচলনৰ সম্ভাৱনা সবাতোকৈ সৰহ। আমি ব্যক্তিগত অভিজ্ঞতাৰ পৰা ক'ব পাৰো, কৰ্তৃপক্ষৰ তৰফৰ পৰা প্ৰয়োজনীয় নিয়ন্ত্ৰণ আৰু অনুশাসনৰ অভাৱ ঘটা বাবে বহু শিক্ষানুষ্ঠানৰ আৱাস সমূহ দ্ৰাগৰ দৰে বস্তু মজুত ৰখা আৰু সৰবৰাহৰ কেন্দ্ৰ স্বৰূপ হৈ পৰিছে। ইয়াৰ আলম লৈয়ে সমাজবিৰোধী অপৰাধী চক্ৰ একোটায়ো কিছুমান আৱাসত গা কৰি উঠাৰ সুযোগ পাইছে। নিচাযুক্ত দ্ৰাগৰ এনে অবাধ প্ৰচলনৰ বিপক্ষে মাত মাতিবলৈ চেষ্টা কৰাসকলক বিভিন্ন ধৰণৰ ভাবুকি আৰু সময় বিশেষে শাৰীৰিক আক্ৰমণৰ জৰিয়তে কণ্ঠৰোধ কৰাত এই চক্ৰটোৰে সক্ৰিয় ভূমিকা লয়। শিক্ষানুষ্ঠান সমূহৰ কৰ্তৃপক্ষ ছাত্ৰাবাসসমূহ নিয়ন্ত্ৰণৰ ক্ষেত্ৰত কঠোৰ হ'বৰ হ'ল।

আধুনিক জীৱনৰ হতাশা ঃ এতিয়া আমাৰ বিবেচনাৰ বিষয় হ'ল, হঠাতে কিয় বাৰু এই নিচাযুক্ত দ্ৰব্যবোৰে যুৱ সমাজত ইমান জনপ্ৰিয়তা অৰ্জন কৰিছে। ইয়াৰ কোনো ঐতিহাসিক কাৰণ বিচাৰাৰ দৰকাৰ নাই। আমি আধুনিক জীৱনবোধ আৰু প্ৰক্ৰিয়াটোৰে আগবঢ়োৱা হতাশা, আত্মকেন্দ্ৰিকতা আৰু নিঃসঙ্গবোধকে দ্ৰাগ

সেৱনৰ অন্যতম কাৰণ বুলি চিহ্নিত কৰিব পাৰোঁ। আজিৰ তীব্ৰ প্ৰতিযোগিতামুখী জীৱনৰ মূল উদ্দেশ্যই হ'ল, শ্ৰেষ্ঠজনেহে মাথোঁ তিষ্ঠি থাকিব পৰা পৰিৱেশৰ সৃষ্টি কৰা। মিডিঅ'কাৰ বা মধ্যবৰ্গীয় চৰিত্ৰসমূহে এই প্ৰতিযোগিতাত যথেষ্ট সাফল্য আয়ত্ব কৰিব নোৱাৰে। ফলত, আহি পৰে হতাশা আৰু আত্মবিশ্বাসহীনতা। গতিকে, ফলাফল হিচাপে তেওঁলোকে বিচাৰি লয় জীৱনৰ তীব্ৰ গতিৰ পৰা মূহূৰ্তৰ বাবে হ'লেও পলায়নৰ পন্থা। ক্ষণিক সময়ৰ বাবে বাস্তৱৰ ঘাত-প্ৰতিঘাতৰ পৰা আঁতৰি থকাৰ আটাইতকৈ সহজ পন্থাটোৱেই হ'ল নিচাযুক্ত দ্ৰব্যৰ আশ্ৰয়। অৱশ্যে, দ্ৰাগৰ নিচা থকালৈকে তীব্ৰ আনন্দৰ অনুভূতি থাকে যদিও নিচাৰ অন্ত পৰাৰ লগে লগে প্ৰচণ্ড তিক্ততা আৰু অৱসাদৰ মুখামুখি হ'ব লাগে। গতিকে, এই অস্বস্তিকৰ অৱস্থাটোৰ পৰা অব্যাহতি পাবলৈ পুনৰ দ্ৰাগ সেৱনৰ কোনো বিকল্প তেওঁলোকে বিচাৰি নাপায়।

তাৰোপৰি, দ্ৰাগ সেৱনৰ অন্য এটা কাৰণ হ'ল, আজিৰ বিশ্বৰ নাগৰিকসকলৰ প্ৰচণ্ড আত্মকেন্দ্ৰিক আচৰণ। যি সময়ত মানুহক হিয়াৰ বাৰ্তা বিনিময়ৰ বাবে সঙ্গী বা সান্নিধ্যৰ প্ৰয়োজন, তেনেকুৱা সময়ত সকলোকে আত্মকেন্দ্ৰী কাৰ্য কলাপতে ব্যস্ত ৰূপত আৱিষ্কাৰ কৰিলে নিঃসঙ্গ অনুভৱ কৰাটোৱেই স্বাভাৱিক। বিশেষকৈ, বয়ঃসন্ধিৰ দোমোজাত থকা সময়ত সন্মুখীন হোৱা নিত্য নতুন সমস্যাবোৰৰ মোকাবিলা কৰিবলৈ উপদেষ্টা ৰূপে জ্যেষ্ঠ এজনৰ পৰিস্থিতি খুবেই প্ৰয়োজন। বাস্তৱৰ সৈতে সংগ্ৰাম কৰাৰ আত্মবিশ্বাস আৰু দৃঢ়তা আহৰণ কৰা কালছোৱাত জ্যেষ্ঠ এজনৰ সময়োচিত উপদেশ আৰু নিৰ্দেশনাৰ অভাৱ ঘটিলে বয়ঃসন্ধিৰ দোমোজাত থকা তৰুণ-তৰুণী কিংকৰ্তব্যবিমূঢ় হৈ পৰাৰ লগতে নিজৰ ওপৰত বিশ্বাস হেৰুৱাই পেলোৱাৰো সম্ভাৱনা থাকে। এই পৰ্যবেক্ষণটো বৰ্তমান অসমৰ ক্ষেত্ৰতো ব্যৱহাৰ কৰিব পৰা হৈছে। চাকৰিমুখী শিক্ষাৰ লগতে কৃষি আৰু শিল্পোদ্যোগৰ ক্ষেত্ৰত অনগ্ৰসৰতাই অসমতো ব্যক্তি জীৱনক ক্ৰমাৎ সমাজ জীৱনৰ পৰা বিচ্ছিন্ন কৰি আনিছে। জীৱিকাৰ সন্ধানত চহৰমুখী প্ৰৱ্ৰজনে এখন ব্যক্তিকেন্দ্ৰিক সমাজ গঢ় দিছে, য'ত আনৰ বাবে চিন্তা কৰাৰ অৱকাশ কাৰোৰেই নাই। কেৱল সময়ৰ সদব্যৱহাৰৰ ক্ষেত্ৰতে নহয়, প্ৰয়োজনৰ সময়তো মত বিনিময়ৰ বাবে অভিজ্ঞ লোকৰ অভাৱ বৰকৈ অনুভৱ কৰা যায়। সেই কাৰণে, আজিৰ সময়খিনি সৃষ্টিশীল কামত খটুওৱাৰ উপায় বিচাৰি নোপোৱা যুৱ শক্তিয়ে দ্ৰাগৰ আশ্ৰয় লোৱাটো অসমতো আজিকালি চকুত পৰা বিধৰ হৈছে।

অভিভাৱকৰ দায়িত্ব ঃ দেশখনৰ ভৱিষ্যতৰ নাগৰিকসকলক সু-শিক্ষাৰে প্ৰস্তুত কৰি তোলাৰ লগতে তেওঁলোকৰ মানসিক দিশটো সজীৱ আৰু প্ৰাণোচ্ছল কৰি

ৰখাৰ স্বার্থতে এই ভয়াৱহ দ্রাগৰ সমস্যাটোৰ এটা সমাধান বিচাৰি উলিওৱাটো বৰ প্রয়োজনীয় বিষয়ৰূপে গণ্য হোৱা উচিত। যুৱক-যুৱতীসকলৰ মানসিক প্রয়োজনৰ প্রতি অভিভাৱকসকলে সততে দৃষ্টি ৰাখিব লাগিব। কোনো যুৱক বা যুৱতী তেওঁলোকৰ দৈনন্দিন কর্তব্য বা নিজৰ ব্যক্তিগত পৰিপাতিতা সম্পর্কে অমনোযোগী হৈ পৰা দেখিলে ইয়াক দ্রাগ সেৱনৰ প্রাথমিক লক্ষণ বুলি বিবেচনা কৰি উপযুক্ত প্রতিবিধান আগবঢ়াব লাগিব। শিক্ষানুষ্ঠান আৰু এনে অন্যান্য স্থানত দ্রাগ যাতে বিয়পিব নোৱাৰে, তাৰ বাবে কর্তৃপক্ষৰ লগতে সর্বসাধাৰণ ৰাইজেও কঠোৰ ব্যৱস্থা ল'ব লাগিব। আটাইতকৈ দৰকাৰী কথাটো হ'ল, সকলো প্রকাৰৰ নিচাযুক্ত দ্রব্যৰ বিৰুদ্ধে এক সার্থক জনমত গঢ়ি তোলা। এনে ধৰণৰ ব্যৱস্থাৰে বিশ্বৰ নতুন পুৰুষক গ্রাস কৰি অনা দ্রাগৰ কবলৰ পৰা অসমৰ উত্তৰ পুৰুষক ৰক্ষা কৰিব পৰা যাব বুলি আমাৰ দৃঢ় বিশ্বাস।

আকাশবাণী ঃ যোৰহাট অনাতাঁৰ কেন্দ্র ঃ ২২ জুলাই ১৯৯১

দৈনিক জনমভূমি ঃ ১১ আগষ্ট ১৯৯১ (সম্পাদক ঃ যতীন্দ্র কুমাৰ বৰগোহাঞিও)

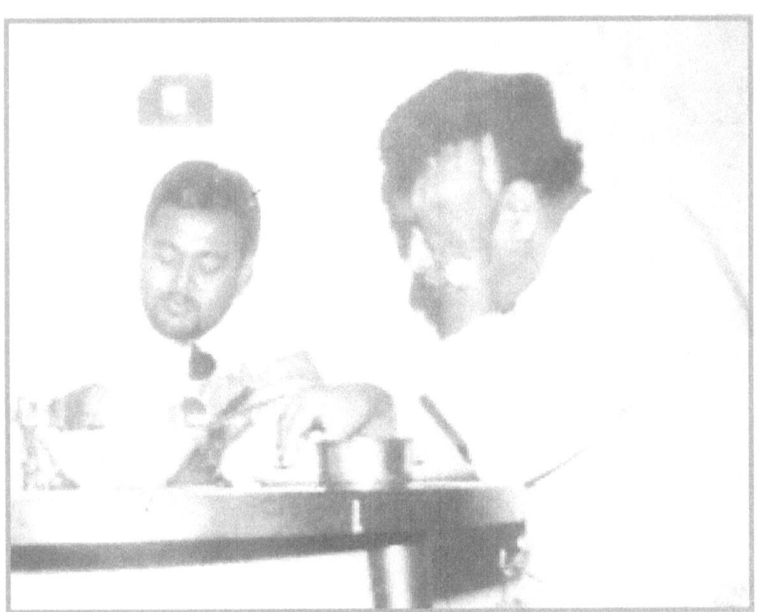

বিশ্ববিখ্যাত সংগীতজ্ঞ ড° ভূপেন হাজৰিকাৰ সৈতে দুপৰীয়াৰ ভোজন পর্বত অর্ণৱ জান ডেকা (১৯৯২)

শিৱসাগৰত অনুষ্ঠিত অসম সাহিত্য সভাৰ অধিৱেশনত অৰ্ণৱ জান ডেকা (১৯৯৩)

ড° ভূপেন হাজৰিকাৰ সৈতে এখন চলচ্চিত্ৰৰ চিত্ৰনাট্য সম্পৰ্কে
আলোচনাৰত অৱস্থাত অৰ্ণৱ জান ডেকা (১৯৮৬)

বৃটিছ কবি আৰু পৰিৱেশবিদ টেছ জয়ছৰ সৈতে
ব্ৰহ্মপুত্ৰৰ বুকুত অৰ্ণৱ জান ডেকা (২০০৯)

জাপানৰ বিখ্যাত দৈনিক কাকত 'আছাহি শিমবুন'ৰ আন্তৰ্জাতিক সাংবাদিক
য়ুকিফুমি টাকেউচিয়ে অৰ্ণৱ জান ডেকাৰ সাক্ষাৎ গ্ৰহণ কৰিবলৈ টকিয়ৰ পৰা
গুৱাহাটীলৈ আহোতে উমানন্দ নদী দ্বীপত (২০১০)

সংবাদপত্ৰ আৰু সাহিত্যিকৰ দৃষ্টিত অৰ্ণৱ জান ডেকা

■ যোৱা ত্ৰিশ বছৰ ধৰি অসমৰ সাহিত্য জগতত অবিৰতভাৱে গল্প, প্ৰবন্ধ, ৰচনা, কবিতা, উপন্যাস আদিৰ জৰিয়তে সেৱা আগবঢ়াই দিল্লীস্থ 'কথা' সংগঠনৰ পৰাও স্বীকৃতি অৰ্জন কৰা আৰু বিশ্বৰ কেবাটাও প্ৰধান ভাষা, যেনে- স্পেনিছ, জাৰ্মান, ফৰাচী, ইংৰাজী, বাংলা, ইটালীয়ান, ৰুছ আদিত অনূদিত হোৱা গল্পৰ জৰিয়তে বিশ্ব-সাহিত্যতো পৰিচিত হৈ উঠা অসমীয়া গল্পকাৰ, অভিযন্তা অৰ্ণৱ জান ডেকা। — আজিৰ অসম (সম্পাদক- অপূৰ্ব শৰ্মা), ১১ জানুৱাৰী ২০০৭

■ গল্পকাৰ অৰ্ণৱ জান ডেকা অসমীয়া পাঠক সমাজৰ এক চিনাকি নাম। ইতিমধ্যে তেওঁ অসমীয়া সাহিত্যলৈ অনবদ্য বৰঙণি আগবঢ়াইছে। ব্যক্তিগত জীৱনত দুৰ্নীতি, ভণ্ডামি আৰু দুতলীয়া জীৱনচৰ্যাৰ সৈতে কেতিয়াও আপোচ নকৰা অৰ্ণৱ জান ডেকাৰ ক্ষুৰধাৰ কলম অসমৰ নিষ্পেষিত অপামৰ জনসাধাৰণৰ বিশ্বস্ত মুখপাত্ৰ হৈ অভিজাততন্ত্ৰৰ ধ্বজাবাহী নব্যধনী সামন্ত শ্ৰেণীৰ ভেটি কঁপাই তুলিবলৈ সক্ষম হৈছে। অসম ভূমিৰ পৰা মদ, ড্ৰাগছ, জুৱা, ব্যভিচাৰ, নাৰী-ব্যৱসায়, দুৰ্নীতি আৰু ঘৃণ্য ৰাজনীতি উৎখাত কৰাৰ বাবে নিৰ্ভীক প্ৰতিবাদী কণ্ঠ আৰু অনন্য ব্যক্তিত্বৰে অৰ্ণৱ জান ডেকাই গ্ৰহণ কৰা শক্তিশালী ৰাজহুৱা ভূমিকাই অসমীয়া পৰম্পৰা আৰু ঐতিহ্যৰ প্ৰতি গভীৰভাৱে দায়বদ্ধ অসমৰ নতুন পুৰুষ নতুন নাৰীৰ হৃদয়ত তেওঁক ইতিমধ্যে 'স্বপ্নৰ পুৰুষ' হিচাপে প্ৰতিষ্ঠা কৰিছে। — অসমীয়া খবৰ, ১৪ ডিচেম্বৰ ২০০৫

■ সুপুৰুষ ডেকাজনৰ পোছাকপত্ৰ পৰিপাটি। জাৰকালি পিন্ধে ছুট আৰু টাই। তেওঁ অসমীয়া সংস্কৃতিৰ কথা ক'লে শুনি আমনি নালাগে। তাকে কোৱাৰ এটা নিজস্ব ধৰণ আছে। তেওঁ সাধাৰণভাৱেই ডাঙৰ কথা এটা কৈ পেলাব পাৰে। তেওঁৰ কথাত আত্মবিশ্বাসৰ আভাস পালোঁ, কিন্তু সম্প্ৰতি বহু যুৱকৰ দৰে ঔদ্ধত্য দেখা নেপালোঁ। তেওঁ শিক্ষা লাভ কৰিলে চিভিল ইঞ্জিনিয়াৰিঙৰ। পিছে জীৱিকাতকৈ শিল্প-সাহিত্যৰ মনোৰম জগতখনলৈহে তেওঁৰ আকুলতা অধিক। — সৰস্বতী সন্মান বিজয়ী ঔপন্যাসিক ড° লক্ষ্মীনন্দন বৰা, ৰংপুৰ, ২৭ জুলাই ১৯৯৩

■ শ্ৰীঅৰ্ণৱ জান এজন টিপিকেল--আধুনিক, প্ৰখৰ প্ৰকাশৰ ডেকা। মননশীল। স্পষ্টবাদিতা তেওঁৰ ধৰ্ম। —দাদা চাহেব ফালকে বঁটা বিজয়ী ড° ভূপেন হাজৰিকা

■ *It is quite remarkable that even at this young age, Sri Arnab Jan Deka has the credit of writing a good number of articles on diverse topics having seminal interest.* — গুৱাহাটী উচ্চ ন্যায়ালয়

আৰু উৰিষ্যা উচ্চ ন্যায়ালয়ৰ প্ৰাক্তন মুখ্য ন্যায়াধীশ ডম্বৰুধৰ পাঠক

■ শ্ৰীঅৰ্ণৱৰ সৱল, বিশ্লেষণাত্মক প্ৰতিবাদে আত্মপ্ৰকাশ কৰাটো আমাৰ জনজীৱনৰ বাবে এক শুভ লক্ষণ। .... আৱশ্যক হৈছে শ্ৰীঅৰ্ণৱৰ দৰে এছাম অতন্দ্ৰ প্ৰহৰীৰ, যিসকলে অনুগ্ৰহ বা ভয়ৰ তাড়নাত সঁচাটোক সঁচা বুলি কোৱাৰ পৰা বিৰত নহয়। —অসম আৰক্ষীৰ প্ৰাক্তন সঞ্চালক প্ৰধান হিৰণ্য কুমাৰ ভট্টাচাৰ্য্য, দৈনিক অসম

■ *অৰ্ণৱ জান ডেকা চৰ্চিত ফিল্ম সমীক্ষক হैं। আৰ ভাৰতীয় সিনেমা সে ইনকা সৰোকাৰ আজ ভী হैं। ফিল্ম মহোৎসৱোঁ মেঁ ইনকা উপস্থিতি আৰ নিৰ্দেশকোঁ, নিৰ্মাতাওঁ সে খুলী বহস মেঁ উঠে সৱালোঁ কা পোস্তমাৰ্টম কৰনা ইনকী নিয়তি হैं।* — **সংপাদক, পুৰ্বাঞ্চল প্ৰহৰী, (হিন্দী দৈনিক)** 14 মই, 1995

■ *মনত অদম্য সাহস আছে আৰু মূৰত দুটামান পোক। এই পোকে কুটি থকা বাবেই ডেকাই চিন্তা কৰিব পাৰে।* —**সাহিত্য অকাডেমী বঁটা বিজয়ী গল্পকাৰ অতুলানন্দ গোস্বামী**

■ *মই আৱিষ্কাৰ কৰা অৰ্ণৱ জান ডেকাৰ আটাইতকৈ ডাঙৰ গুণ হ'ল অপ্ৰিয় হোৱাৰ সাহস। মোৰাভিয়া, ক্লিল্যাণ্ড অথবা হেনৰী মিলাৰৰ সমপ্ৰতিভাৰ স্বাক্ষৰ নেদেখুৱালেও অন্ততঃ এটা কথা ক'ব পাৰি যে অৰ্ণৱ জান ডেকা লেখক হিচাপে কিছু inhibitionsৰ পৰা মুক্ত, অপ্ৰিয় হোৱাৰ সাহস তেওঁৰ প্ৰচুৰ—এই দুটা গুণ ঠিকমতে channelised কৰিব পাৰিলে, ভোগবাদে জন্ম দিয়া কিছু ভণ্ডামিৰ বিৰুদ্ধে তেওঁৰ কলম শক্তিশালী অস্ত্ৰ হৈ উঠাৰ সম্ভাৱনা আছে।* —**ফণীন্দ্ৰ কুমাৰ দেৱচৌধুৰী, অসমীয়া প্ৰতিদিন, ২৭ ফেব্ৰুৱাৰী ২০০০**

■ *মোৰ প্ৰিয় অসমীয়া গল্পকাৰসকলৰ মাজত হোমেন বৰগোহাঞি, সৌৰভ কুমাৰ চলিহা, শীলভদ্ৰ, নিৰুপমা বৰগোহাঞি, মনোজ কুমাৰ গোস্বামী, অপূৰ্ব শৰ্মা, অৰুণা পটংগীয়া কলিতা, অৰ্ণৱ জান ডেকা আদিৰ নাম বিশেষভাৱে উল্লেখযোগ্য।...... অৰ্ণৱ জান ডেকাৰ গল্পও মোৰ ভাল লাগে।* — বিশিষ্ট বাংলা অনুবাদক বাসুদেৱ দাস, দৈনিক জনমভূমি, ১২ ফেব্ৰুৱাৰী ২০০৫

অৰ্ণৱ জান ডেকাৰ একাংশ বহুচৰ্চিত গ্ৰন্থ

এফাকি ৰ'দ (কবিতা সংকলন), প্ৰথম প্ৰকাশ ঃ ১৯৮৩ চন

■ "কবিৰ বিনয় আছে। সেইবাবে সৃষ্টিৰ অতৃপ্তিও আছে। ফৰ্মৰ তেওঁ অহৰহ সন্ধান কৰিছে। চুটি কবিতাবোৰেই তাৰ প্ৰমাণ। তদুপৰি তেওঁৰ আছে পূৰ্ণতাৰ হেঁপাহ। তেওঁৰ কবিতাত দেখা ইতিহাসৰ উপলব্ধিয়ে সমাজ সচেতনতাৰো ইঙ্গিত দিয়ে। কবিৰ আত্মবেদনাও তাৎপৰ্যপূৰ্ণ।" — জ্ঞানপীঠ বঁটা বিজয়ী ড' বীৰেন্দ্ৰ কুমাৰ ভট্টাচাৰ্য,

প্ৰাক্তন সভাপতি, সাহিত্য অকাডেমী, প্ৰাক্তন সম্পাদক, 'ৰামধেনু' আৰু 'নৱযুগ'।

■"ভাল লাগিছে ঃ কবিয়ে নিজক যিদৰে উদঙাই দিয়ে, সেইদৰে ঢাকিও ৰাখে।" -- সাহিত্য অকাডেমী বঁটা বিজয়ী জনপ্ৰিয় কবি হীৰেন ভট্টাচাৰ্য, ।

■"শব্দক উপযুক্ত ঠাইত হাজিৰ কৰাব পৰা এটা পৰিশীলিত চেতনাৰ সন্ধান তেওঁৰ কবিতা - স্তৱকত আছে আৰু আছে অন্তৰ্মুখিতাৰ হেঁপাহ। উচ্ছাসৰ সংযম আয়ত্তাধীন কৰি ৰাখিলে তেওঁৰ কবিতাৰ আকাশ ৰ'দে জ্বলমল হ'ব মোৰ সন্দেহ নাই।" --- তিলক হাজৰিকা, প্ৰাক্তন সম্পাদক, 'অসম বাণী', মুখ্য সম্পাদক, 'সাদিন', সম্পাদনা উপদেষ্টা, 'অসমীয়া প্ৰতিদিন'।

■"কবিতাবোৰত ৰ'দ আৰু পানী সমানেই জীয়া কাৰণেই নেকি, কবিতাবোৰ জীপাল হৈছে।" --- জনপ্ৰিয় কবি বিৰিঞ্চি ভট্টাচাৰ্য।

■"অৰ্ণৱ জান ডেকাই অৰ্থব্যঞ্জক 'এফাকি ৰ'দ' শীৰ্ষক কবিতাৰ পুথি প্ৰকাশ কৰাত আনন্দ পাইছো। এতিয়া তেওঁৰ বয়স কম - ভৱিষ্যতে তেওঁৰ এই কুমলীয়া ৰ'দে ৰ'দালিৰ নিচিনাকৈ কাম কৰিব।" --- সাহিত্য অকাডেমী বঁটা বিজয়ী যোগেশ দাস।

■"অৰ্ণৱৰ কবিতা পঢ়ি তবধ মানিছোঁ। বিজ্ঞানৰ ছাত্ৰ কাৰণেই হয়তো তেওঁ ৰচা কবিতাত সুন্দৰ বিজ্ঞানসন্মত মানসিকতাৰ জিলিকনি পাইছোঁ। অৰ্ণৱৰ কবিতা পঢ়ি এটা কথা মনত পৰিছে। বিজ্ঞানী আইনষ্টাইন আৰু সংগীতকাৰ টঙ্কানিনিয়ে এবাৰ কোৱাকুই কৰিছিল যে বিজ্ঞান আৰু সংগীতৰ উন্নততম সৃষ্টিত বিজ্ঞানসন্মত মানসিকতাৰে তিওৰা আৰ্ট থাকে।"--- দাদা চাহেব ফালকে বঁটা বিজয়ী ড° ভূপেন হাজৰিকা, প্ৰাক্তন অধ্যক্ষ, সংগীত নাটক অকাডেমী, প্ৰাক্তন সম্পাদক, 'আমাৰ প্ৰতিনিধি', 'গতি', 'বিন্দু', 'প্ৰতিধ্বনি'।

■"চেমনীয়া কবি শ্ৰীঅৰ্ণৱ জান ডেকাৰ নতুন প্ৰতীকবাদী কবিতা সমষ্টিৰ এটা সৰু সংকলন হৈছে এই পুথিখন। কবি এজন পৰিচিত চেমনীয়া অনুশীলক আৰু তেওঁৰ ইতিমধ্যে প্ৰকাশিত লেখা সমূহত চিন্তা আৰু আলোকসন্ধানৰ প্ৰচ্ছন্ন ইংগিত দেখা যায়। বৰ্তমানৰ এই কবিতাগুছত তেওঁৰ অন্তৰ্মুখী আৰু অনুসন্ধানী কবি মানসিকতাই মন পৰশি যোৱাকৈ ভুমুকি মাৰিছে। কবিতাবোৰে এটা অনুভূতি জগাবলৈ সক্ষম।" -- - অসম বাণী, ১১ নৱেম্বৰ ১৯৮৩

মুক্তি (অনাতাঁৰ নাটক), প্ৰথম প্ৰকাশ ঃ ১৯৮১ চন, দ্বিতীয় প্ৰকাশ ঃ ১৯৮৭ চন নাট্যিকাৰ নৱম শ্ৰেণীৰ বিদ্যাৰ্থী হৈ থকা অৱস্থাতে ১৯৮১ চনত আকাশবাণী গুৱাহাটী কেন্দ্ৰই অনাতাঁৰ নাট ৰূপত 'মুক্তি' বাণীৰদ্ধ কৰি প্ৰচাৰ কৰিছিল। নৱম শ্ৰেণীৰ স্কুলীয়া ছাত্ৰ এগৰাকীৰ নাটক ৰেডিঅ'যোগে প্ৰচাৰ হোৱাৰ এই অভিলেখ এতিয়াও অক্ষুন্ন

আছে। ■ "নাটকখনত লেখকে কেইটিমান কিশোৰ কিশোৰীৰ সমাজ সেৱাৰ প্ৰতি আগ্ৰহৰ কথা নাটকীয় কাহিনীৰ মাজেৰে প্ৰকাশ কৰিছে। নাটিকাৰ কাহিনী, চৰিত্ৰ - চিত্ৰণ, ঘটনা আৰু শৈলী শিশুৰ বাবে উপযোগী হৈছে।" — দৈনিক অসম, ২৩ জানুৱাৰী, ১৯৯০

অন্য এক যাযাবৰ (জীৱনৰ খণ্ডচিত্ৰ), প্ৰথম প্ৰকাশ ঃ ১৯৯৩ চন

■ "অন্য এক যাযাবৰ ড° ভূপেন হাজৰিকা পঢ়ি ভাব হয়, ভৱিষ্যতে যদি জনচনৰ জীৱনীকাৰ বচ্ৰেলৰ দৰে ভূপেন হাজৰিকাৰ কোনোবা জীৱনীকাৰ ওলায়, তেনেহ'লে সেইজন লোক যদি এই ডেকাজন হয়, তেন্তে হাজৰিকাক তাত কিজানি স্বৰ্গত বিচাৰি পাব। পিছে এই কিতাপখন ড° হাজৰিকাৰ যাযাবৰী জীৱনৰ চেগা-চোৰোকা ছবিহে। এই ছবিসমূহে ড° হাজৰিকাৰ জীৱনৰ ভালেকেইটা মোহনীয় দিশ উপভোগ্য কৰি তুলিছে। কিন্তু পঢ়িলেই এৰিবৰ মন নোযোৱা তিনিটা কাৰণ আছে ঃ (১) লেখকৰ ভাষাত তেওঁৰ নিজস্ব ব্যক্তিত্বৰ পৰিচয় পোৱা যায়। শব্দৰ প্ৰয়োগ সতেজ। বহু ব্যৱহৃত মৃতপ্ৰায় শব্দ তেওঁৰ পছন্দ নহয়। (২) অধ্যায়সমূহ চুটি চুটি হোৱা বাবে বিৱৰণ এনে গ্ৰাফিক হৈছে যে দ্ৰুতবেগী চিত্ৰনাট্য পঢ়া যেনহে লাগে। (৩) প্ৰত্যেকটো চুটি অধ্যায়ৰ আখ্যানৰ লগত লেখক জড়িত আছে। তেওঁ আনকি ড° হাজৰিকাক গুৱাহাটীৰ ৰাজআলিত স্কুটাৰত উঠাই ফুৰাৰ বিৱৰণো আছে।" —সৰস্বতী সন্মান বিজয়ী ঔপন্যাসিক ড° লক্ষ্মীনন্দন বৰা, ৰংপুৰ, ২৭ জুলাই ১৯৯৩

নাৰীবাদৰ নৰক (গল্প সংকলন), প্ৰথম প্ৰকাশ ঃ ১৯৯৯ চন, দ্বিতীয় প্ৰকাশ ঃ ১৯৯৯ চন

■ "অসমৰ আগশাৰীৰ যুৱ লেখক আৰু স্বত্বকাৰ, ইঞ্জিনিয়াৰ অৰ্ণৱ জান ডেকাৰ প্ৰথম গল্প সংকলন 'নাৰীবাদৰ নৰক' পাঁচটা দীঘল গল্পৰ সমষ্টি। বিভিন্ন সঁচা পটভূমিত কাল্পনিক চৰিত্ৰৰ সহায় লৈ গল্পকাৰে অসমত বৰ্তমানে এছাম নাৰীবাদী মহিলাই নাৰীবাদৰ কেনে অপব্যাখ্যা দাঙি ধৰাৰ প্ৰয়াস কৰিছে, তাকে বিভিন্ন দিশৰ পৰা বিশ্লেষণ কৰিছে। কাহিনীৰ মাজেৰে নাৰীবাদৰ প্ৰকৃত সংজ্ঞা আৰু আইনগত দিশো আলোচনা কৰা হৈছে। সুখপাঠ্য গ্ৰন্থখনৰ জৰিয়তে লেখকৰ অসমপ্ৰেম আৰু গভীৰ সামাজিক দায়বদ্ধতা পাতে পাতে উত্ভাসিত হৈ উঠিছে। বিংশ শতিকাৰ শেষ প্ৰান্তত প্ৰকাশিত তাৎপৰ্যপূৰ্ণ গ্ৰন্থ 'নাৰীবাদৰ নৰক'এ একবিংশ শতিকাত প্ৰৱেশৰ বাবে সাজু হোৱা অসমীয়া সকলৰ বিবেক আলোড়িত কৰি 'প্ৰফেট'ৰ ভূমিকা পালন কৰিব।" — নতুন সময়, ৬ ডিচেম্বৰ, ১৯৯৯

■"নাৰীবাদৰ যুক্তিৰে যি সকলে উচ্ছৃংখল অত্যাধুনিক জীৱনৰ পোষকতা কৰে, উচ্চশিক্ষিতৰ নামত ভোগবাদী জীৱনৰ পোষকতা কৰে, গুৰুত্ব দিয়ে ক্লাব সংস্কৃতিত, – – সেইসকল নাৰীৰ চৰিত্ৰক লৈ সৃষ্টি কৰা পাঁচটা দীঘলীয়া গল্পৰ সংগ্ৰহ 'নাৰীবাদৰ নৱক'।" — অসমীয়া প্ৰতিদিন, ৭ ডিচেম্বৰ, ১৯৯৯

■"নিজৰ জন্মস্থান গুৱাহাটীখন ডেকাই ভালদৰে চিনি পায়। তাতৈকেও ভাললৈকে চিনি পায় মহানগৰ হোৱা এই চহৰখনৰ মানুহক। তাৰে এছাম মানুহৰ চাল-চলন, আচাৰ-ব্যৱহাৰ, ধৰণ-কৰণ তেওঁৰ দৃষ্টিৰে কেইটামান গল্পৰ মাজেদি তুলি ধৰিছে। যিকোনো লেখকৰ গল্পৰ সমল সদায় সমাজ জীৱনৰ পৰাই আহে। এই গল্পৰ সমাজখন যে আমাৰ গাতে লাগি আছে সেই কথা পাঠকে বিশ্বাস কৰিবলৈ টান পাব বুলি জানিয়ে এই একাষাৰ কৈ ল'লো। সংকলনটোৰ কেউগৰাকী নায়িকাই সাহিত্য চৰ্চা কৰে। দুটামানত স্বামী-স্ত্ৰী দুয়ো সাহিত্যিক, সিও বঁটা বাহনেৰে সন্মানিত সাহিত্যিক। তেওঁলোকৰ জীৱন চৰ্যাৰ এটা ঘোৰ অন্ধকাৰ দিশৰ বিপৰীতে একোটা উজ্জ্বল সামাজিক পৰিচয়ো আছে। এই দুমুখীয়া চৰিত্ৰেই গল্পৰ উপজী ব্য। গল্পকেইটাই আমাৰ মহানগৰলৈ ৰূপ ল'ব খোজা এই গুৱাহাটীৰ চকুত ছাত মাৰি ধৰা চমক সিপাৰে যে এখন অতি অন্ধকাৰ অঞ্চল আছে, তাৰ সম্যক পৰিচয় দিবলৈকে অৰ্ণৱ জানে সততা আৰু আন্তৰিকতাৰে সংকলনটো পাঠকৰ হাতত অৰ্পণ কৰিছে।" —সাহিত্য অকাডেমী বঁটা বিজয়ী গল্পকাৰ অতুলানন্দ গোস্বামী, ৬ ডিচেম্বৰ ১৯৯৯

■"মই 'নাৰীবাদৰ নৱক' পঢ়ি নিজকে পতিয়ন নিয়াবলৈ চেষ্টা কৰি আছো - কাহিনীবোৰ সঁচা নেকি?" — দিনেশ শৰ্মা, ১০ ডিচেম্বৰ ১৯৯৯

■"Whatever be the history and definition of feminism, Arnab Jan Deka has portrayed feminism in his latest book 'Naareebaadar Narak' (The Hell of Feminism) in a very unique way. His uniqueness can be seen when he dedicates this book to those who have already passed through their young age. Arnab Jan Deka writes as if he has already gone through the experiences of a woman. He has perhaps experienced the so called 'feminist world' more closely. In the very last line of this story book Sri Deka really proves where the actual 'hell of feminism' lies.— দ্য আসাম ট্ৰিবিউন, ২৮ জানুৱাৰী ২০০০

■"অৰ্ণৱ জান ডেকাৰ 'ৰুচোমন' ছবিৰ দৰে কালজয়ী চলচ্চিত্ৰ নিৰ্মাণ কৰিব পৰা গ্ৰন্থ 'নাৰীবাদৰ নৱক'।" — গৌৰী বৰ্মন, দেওবৰীয়া অগ্ৰদূত, ১৩ ফেব্ৰুৱাৰী ২০০০

■"যদিহে এতিয়ালৈ পঢ়া নাই, তেনেহ'লে এই কিতাপখন কেতিয়াও নপঢ়িব।" — ফণীন্দ্ৰ কুমাৰ দেৱচৌধুৰী, সম্পাৰ, অসমীয়া প্ৰতিদিন, ২৭ ফেব্ৰুৱাৰী ২০০০

■ "গল্পকাৰ অৰ্ণৱ জান ডেকাৰ প্ৰথম গল্প সংকলন 'নাৰীবাদৰ নৰক' ১৯৯৯ চনত প্ৰকাশ পাইছিল আৰু গ্ৰন্থখনে এক বিতৰ্কৰ সৃষ্টি কৰিছিল। একে বছৰতে সংকলন খনৰ দুটা সংস্কৰণ প্ৰকাশ কৰি সেই বছৰত বেষ্ট-ছেলাৰৰ স্থান লাভ কৰিছিল গ্ৰন্থখনিয়ে। গল্প সংকলনখনিয়ে গুৱাহাটীয়া একাংশ তথাকথিত মধ্যবিত্ত নাৰীৰ বেপৰোৱা আচৰণক চৰম ভেঙুচালি কৰি তেওঁলোকৰ স্বৰূপ সম্পূৰ্ণৰূপে উলংগ কৰি দেখুৱাই দিছিল।" — অসমীয়া খবৰ, ১৪ ডিচেম্বৰ ২০০৫

অসমৰ জীৱন্ত কলাক্ষেত্ৰ প্ৰদীপ চলিহা (জীৱনৰ খণ্ডচিত্ৰ), প্ৰথম প্ৰকাশ ঃ ২০০৩ চন

■ অৰ্ণৱ জান ডেকাই সম্পূৰ্ণ অগতানুগতিক ৰূপত লিখি উলিয়াইছে 'অসমৰ জীৱন্ত কলাক্ষেত্ৰ প্ৰদীপ চলিহা' শীৰ্ষক কিতাপখন। নৃত্য, সংগীত, চিত্ৰকলা আৰু ভাস্কৰ্যৰ একনিষ্ঠ সাধক প্ৰদীপ চলিহাৰ জীৱন আৰু কৰ্ম আধাৰিত গ্ৰন্থখনে প্ৰয়াত ব্যক্তি গৰাকীৰ বিষয়ে জনাত পাঠকক সহায় কৰিব। — পূৰ্বাঞ্চল অভিমত (সম্পাদক ড° লক্ষ্মীনন্দন বৰা), ১৮ ডিচেম্বৰ ২০০৪

■ সৃষ্টি ধৰ্মীয় সাহিত্য আৰু তথ্যচিত্ৰ আদিৰ নিৰ্মাতা অৰ্ণৱ জান ডেকাৰ হাতত নতুনকৈ প্ৰাণ পাই উঠিছে এখন গ্ৰন্থ 'অসমৰ জীৱন্ত কলাক্ষেত্ৰ প্ৰদীপ চলিহা'। গ্ৰন্থখনত পৰিস্ফুট হৈছে গৱেষক, চিত্ৰশিল্পী, ক্ৰীড়াবিদ, অভিনেতা, নৃত্যশিল্পী প্ৰদীপ চলিহাই অসমীয়া সংস্কৃতিলৈ উৎসৰ্গা কৰা তেওঁৰ জীৱনৰ কিছু কীৰ্তি। অসমীয়া শিল্প সংস্কৃতিলৈ এইগৰাকী শিল্পী-গৱেষকৰ অৱদানে এটা ঐতিহাসিক তাৎপৰ্যমণ্ডিত মাত্ৰা আনি দিছে। সত্ৰীয়া নৃত্যৰ স্বীকৃতি, বিভিন্ন সমস্যা আৰু সমাধানৰ সূত্ৰও তেওঁ আগবঢ়াইছে। এইগৰাকী বিৰল ব্যক্তিত্বৰ জীৱন পৰিক্ৰমাৰ বিষয়ে দাঙি ধৰিবলৈ গৈ অৰ্ণৱ জান ডেকাৰ কলমৰ পৰা নিগৰি ওলাইছে উত্তৰ পুৰুষক উৎসাহিত কৰিব পৰাকৈ প্ৰদীপ চলিহাই এৰি থৈ যোৱা বিভিন্ন কৰ্মৰাজি। অসমীয়া লোক-সংস্কৃতি, শিষ্ট সংস্কৃতি আৰু ভাৰতীয় সংস্কৃতিৰ বিভিন্ন দিশৰ এগৰাকী বিশেষজ্ঞ, বহুগুণী কলাকাৰ আৰু কলাবিদ প্ৰদীপ চলিহাক জানিবৰ বাবে গ্ৰন্থখনে পঢ়ুৱৈসকলক সহায় কৰিব। — আমাৰ অসম, (সম্পাদক- ড° নগেন শইকীয়া), ১২ ডিচেম্বৰ ২০০৪

অকস্মাৎ এক আবেলি (গল্প সংকলন), প্ৰথম প্ৰকাশ ঃ ২০০৪ চন

■ গ্ৰন্থ পাঠ পৰম্পৰাৰ শুভাৰম্ভৰে অৰ্ণৱ জান ডেকাৰ গ্ৰন্থ উন্মোচন

অসমৰ এগৰাকী বহু চৰ্চিত গল্পকাৰ, আন্তৰ্জাতিক স্তৰত প্ৰসিদ্ধি অৰ্জন কৰা লেখক, তথ্যচিত্ৰ নিৰ্মাতা, গুৱাহাটী উচ্চ ন্যায়ালয়ৰ অধিবক্তা তথা অভিযন্তা অৰ্ণৱ

জান ডেকাৰ সদ্য প্রকাশিত দ্বিতীয়খন গল্পগ্রন্থ ‘অকস্মাৎ এক আবেলি’ৰ এটা বিখ্যাত গল্প ‘মেক্সিকো চহৰত এজনী প্রেমিকা’ৰ এটা আকর্ষণীয় অংশ গল্পকাৰে নিজে আনুষ্ঠানিকভাৱে পাঠ কৰি অসমত প্রথমবাৰলৈ গ্রন্থপাঠ পৰম্পৰাৰ ঐতিহাসিক শুভাৰম্ভ ঘোষণা কৰে। উল্লেখযোগ্য যে বিশ্বৰ সর্বত্র জনপ্রিয় এই গ্রন্থপাঠ পর্ব অসমত এতিয়ালৈকে চলতি হোৱা নাছিল। উল্লেখযোগ্য যে পৃথিৱীৰ বিভিন্ন দেশৰ বৈচিত্রময় চৰিত্রৰ সমাবেশেৰে নানা দেশীয় পটভূমিত ৰচিত সাতটা দীঘল গল্পৰ সংকলন ‘অকস্মাৎ এক আবেলি’ হ’ল এটা আমেৰিকান ব্যৱসায়িক সংস্থাই প্রকাশ কৰা প্রথম অসমীয়া গল্পগ্রন্থ।

— আজিৰ অসম (সম্পাদক- অপূর্ব শর্মা), ১৩ ডিচেম্বৰ ২০০৪

■ ‘মেক্সিকো চহৰত এজনী প্রেমিকা’, ‘হিমালয়ৰ দুপৰীয়া ঃ অংকুৰ- তপস্বী- স্বর্ণকেশিনী’, ‘চিত্রশালাৰ সপোন’, ‘প্রত্যাৱর্তন ঃ এক দুঃস্বপ্ন’, ‘অপেক্ষাৰ পথ ঃ ট’ৰণ্টোৰ পৰা গুৱাহাটী’, ‘অকস্মাৎ এক আবেলি’, আৰু ‘সামুদ্রিক আকাংক্ষাত ৰঙা নদী নীলা পাহাৰ’ শীর্ষক সাতটা গল্প সন্নিৱিষ্ট গ্রন্থখনৰ প্রতিটো গল্পৰে কাহিনীভাগে জীৱনৰ বিষয়ে কিছু কথা বর্ণনা কৰিছে। প্রেম-বিৰহ তথা জীৱনৰ আদর্শক অগ্রাধিকাৰ দি ৰচনা কৰা গল্পসমূহৰ ভিতৰত ‘মেক্সিকো চহৰত এজনী প্রেমিকা’ শীর্ষক গল্পটো অধিক মনোগ্রাহী হৈছে। প্রতিটো গল্পৰে সুকীয়া সুকীয়া চিত্র উপস্থাপনেৰে পাঠকৰ হৃদয় স্পর্শ কৰিবলৈ সক্ষম হৈছে গল্পকাৰৰ ‘অকস্মাৎ এক আবেলি’য়ে। দেশ- বিদেশৰ চৰিত্রৰ সমাহাৰেৰে অসমীয়া ভাষাত প্রথমবাৰলৈ বৈচিত্রময় পটভূমিত ৰচিত গল্প গ্রন্থখনে মানৱ জীৱনৰ প্রকৃত সত্যৰ সন্ধান দিবলৈ সক্ষম হ’ব বুলি ধাৰণা হয়। গল্পকাৰৰ ভাষা সুন্দৰ আৰু সাৰলীল।’ — নতুন দৈনিক (সম্পাদক- পদ্ম বৰকটকী), ১৩ ডিচেম্বৰ ২০০৪

■ গল্পকাৰ ডেকাই গল্প ক’ব জানে। সাৰলীল ভংগীৰে তেওঁ গল্পবোৰ কৈ যায়। পঢ়ি গ’লে জড়তা অনুভৱ নহয়। অতিৰঞ্জিত বাক্য বা সংলাপ বা বহুৱঞ্চিতা তেওঁৰ গল্পত নাই বুলিবই পাৰি। কবিতাৰ মিতভাষিতা আৰু গল্পৰ মিতভাষিতাৰ পার্থক্য আছে। গল্পকেইটাৰ যোগেদি মানৱ জীৱনৰ পৰম সত্যৰ অন্বেষণ কৰাৰ প্রয়াস দেখা পালেও পৰিষ্কাৰভাৱে সত্য উন্মোচিত হোৱা নাই। গল্প সংকলনখনি হৃদয় বুৰঞ্জীৰ এক দস্তাবেজ বুলিলেহে শুদ্ধ কোৱা হ’ব। কবিতাৰ ভাষাতকৈ গল্পকাৰৰ গদ্যৰ ভাষা শক্তিশালী। ‘মেক্সিকো চহৰত এজনী প্রেমিকা’ গল্পটোৰেই সংকলনখনিৰ আটাইতকৈ মনোৰম গল্প। আন দুটা ভাল লগা গল্প হ’ল কথা-গৰীয়সী বঁটা পোৱা ‘হিমালয়ৰ দুপৰীয়া ঃ অংকুৰ-তপস্বী-স্বর্ণকেশিনী’ আৰু ‘অকস্মাৎ এক আবেলি’। মুঠ কথাত, বৈচিত্রময় পটভূমিত ৰচিত গল্পকেইটা পাঠকে পঢ়ি ভাল পাব। — আজি, ২ জানুৱাৰী ২০০৫

■ অৰ্ণৱ জান ডেকাৰ গল্প বুলিলে ততাতৈয়াকৈ চকুৰ সন্মুখত এখন প্ৰোজ্জ্বল ছবি ভাঁহি উঠে য'ত সাধাৰণতে কাহিনীতকৈ পৰিবেশ আৰু পটভূমিৰ প্ৰাধান্য সদায়েই বেছি। সেইবাবেই তেখেতৰ গল্পবোৰ পাঠকৰ মনত সদায় সজীৱ হৈ ধৰা দিয়ে। — পূৰ্বাঞ্চল অভিমত (সম্পাদক- ড° লক্ষ্মীনন্দন বৰা) ১৯ মাৰ্চ ২০০৫

■ তেওঁৰ গল্পত আছে বৰ্ণনাৰ লালিত্য। চুটি চুটি সংলাপ, মাদকতা ভৰা অন্তৰৰ নিৰ্মল আলাপ। সঁচাকৈ অৰ্ণৱ জান ডেকাৰ গল্পত আমি পাওঁ দীৰ্ঘ ভ্ৰমণৰ এক চাক্ষুস বিৱৰণ। তেওঁৰ গল্পত গভীৰ মানৱতা, গভীৰ আশাবাদ, প্ৰেমৰ আকুতি, বিষাদ, বলিষ্ঠ প্ৰকাশভঙ্গী, ট্ৰেজিক বিষয়-বস্তুৰ গভীৰতা, প্ৰকাশভঙ্গীৰ লালিত্য, নষ্টালজিক অনুভূতি বিদ্যমান। লেখক অৰ্ণৱ জান ডেকা সৃষ্টিশীল সাহিত্যৰ সৈতে ওতঃপ্ৰোতভাৱে জড়িত। ইয়াৰ লগতে তথ্যচিত্ৰ নিৰ্মাতা হিচাপেও তেওঁ সুপ্ৰতিষ্ঠিত। অৰ্ণৱ জান ডেকাই বাস্তৱৰ সত্য আৰু উপলব্ধিবোৰকে কাল নিৰ্ণয়কাৰী সাহিত্যৰ সাজত পাঠকলৈ আগবঢ়াইছে। — অসমীয়া প্ৰতিদিন, ২৩ অক্টোবৰ, ২০০৫

■ গল্পকাৰ অৰ্ণৱ জান ডেকা অসমীয়া পাঠকৰ সমাজত এক চিনাকি নাম। ইতিমধ্যে তেওঁ অসমীয়া সাহিত্যলৈ অনবদ্য বৰঙণি আগবঢ়াইছে। এটা যুগ সৃষ্টি কৰা আলোচনী 'প্ৰান্তিক', 'গৰীয়সী' আদিতো লেখক গৰাকীৰ গল্প প্ৰকাশ পাই আহিছে। এইগৰাকী সাহিত্য সাধক তথা আইনকৰ্মী অৰ্ণৱ জান ডেকাৰ লিখনি সমূহত আছে মানৱতাৰ বাণী, তথাকথিত মধ্যবিত্ত বিলাসৰ প্ৰদৰ্শিত স্বৰূপ, অপৰাধী সমাজৰ স্খলিত চৰিত্ৰৰ চিত্ৰণ আৰু প্ৰাকৃতিক দৃশ্য, সাগৰ, নগৰ, পাহাৰ, অৰণ্যৰ অপূৰ্ব বৰ্ণনাৰ লালিত্য। সংলাপ কিছুমান গল্পত দীঘলীয়া, কিছুমানত চুটি। — অসমীয়া খবৰ, ১৪ ডিচেম্বৰ ২০০৫

অৰ্থনীতিজ্ঞ-শিক্ষাবিদ-সাহিত্যিক অধ্যক্ষ ভৱানন্দ ডেকা ঃ এক বৰ্ণাঢ্য জীৱন (জীৱনৰ খণ্ডচিত্ৰ), প্ৰথম প্ৰকাশ ঃ ৪ ডিচেম্বৰ ২০০৬

■ কামেই মানুহৰ পৰিচয়। একমাত্ৰ কামকেই জীৱনৰ ব্ৰত হিচাপে লোৱা ব্যক্তি আছিল প্ৰয়াত ভৱানন্দ ডেকা। প্ৰচাৰবিমুখ এই ব্যক্তিগৰাকীয়ে জীৱনৰ সৰহ দিন কৰ্মতেই নিয়োগ কৰি অন্য এক আদৰ্শৰ পৰিচয় দি গ'ল। সাক্ষী বহন কৰে মাথো তেওঁৰ সৃষ্টি আৰু কাম কৰি অহা মহাবিদ্যালয় আদিয়ে। অধ্যক্ষ ভৱানন্দ ডেকাৰ কৰ্ম জীৱন আছিল বৰ্ণাঢ্য। অধ্যক্ষ ভৱানন্দ ডেকা ঃ এক বৰ্ণাঢ্য জীৱন নামৰ গ্ৰন্থখনিত অধ্যক্ষ ভৱানন্দ ডেকাৰ জীৱন আৰু কৃতিত্ব সম্পৰ্কত এটি নাতিদীৰ্ঘ প্ৰবন্ধৰ লগতে তেখেতৰ কৰ্মৰত অৱস্থাত থকা ভালেমান ছবি সন্নিৱিষ্ট কৰিছে। উক্ত গ্ৰন্থখনিত অধ্যক্ষ ভৱানন্দ ডেকাৰ জীৱনৰ বিভিন্ন দিশৰ ওপৰত সমল পাঠকে পাব। — আমাৰ অসম, ১৩ মে' ২০০৭

ভৱ আনন্দ সংবাদ (উপন্যাস), প্রথম প্রকাশ ঃ ২০০৭ চন, প্রকাশক ঃ অসম প্রকাশন পৰিষদ

■ Arnab Jaan Deka's novel Bhaba Ananda Sangbad has been selected for the Assam Publication Award 2006. The book was written on the life and activities of his educationist father Bhabananda Deka, who was a researcher on Sankari culture. – **The Times of India, 10 January 2007**

■২০০৬ চনৰ অন্তিম লগ্নত অসমীয়া উপন্যাসৰ জগতত তোলপাৰ লগোৱা এক অসাধাৰণ ঘটনা ঘটিল। অসমৰ বিশিষ্ট শংকৰী গৱেষক, শীর্ষস্থানীয় অর্থনীতিবিদ, সাহিত্যিক, 'কীর্তন-ঘোষা'ৰ ইংৰাজী অনুবাদক, শিক্ষাবিদ তথা নতুন দিল্লীস্থ কেন্দ্রীয় লোকসেৱা আয়োগৰ প্রথম আৰু একমাত্র অসমীয়া জ্যেষ্ঠ বিষয়াৰূপে কার্যনির্বাহ কৰি দিল্লী বিশ্ববিদ্যালয়ত অসমীয়া বিভাগ প্রতিষ্ঠা কৰাত অগ্রণী ভূমিকা লোৱা কৃতবিদ্য অসমীয়া সিংহপুৰুষ অধ্যক্ষ ভৱানন্দ ডেকাৰ ছাত্রজীৱন আৰু সক্রিয় কর্মজীৱনৰ ভিত্তিত তেখেতৰেই পুত্র তথা সু-প্রতিষ্ঠিত গল্পকাৰ-অভিযন্তা অর্ণৱ জান ডেকাই সম্পূর্ণ কৰা নতুন উপন্যাস 'ভৱ আনন্দ সংবাদ'এ ২০০৬ চনৰ অসম প্রকাশন পৰিষদৰ বঁটা লাভ কৰিছে। 'ভৱ আনন্দ সংবাদ' উপন্যাসখনে অধ্যক্ষ ভৱানন্দ ডেকাৰ বর্ণাঢ্য জীৱনৰ ১৯৫০ ৰ পৰা ১৯৭০ চনলৈকে সবাতোকৈ সক্রিয় আৰু বৈচিত্র্যময় এছোৱা কাল সামৰি লৈছে। এই উপন্যাসখনে অসমৰ স্বাধীনোত্তৰ কালৰ শৈক্ষিক আৰু সামাজিক জীৱনৰ এছোৱা অতি স্পর্শকাতৰ সময় সামৰি লৈ বিংশ শতাব্দীৰ পঞ্চাশ আৰু ষাঠিৰ দশক দুটাৰ ইতিহাস বিবৃত কৰিছে। উপন্যাসখনিত ভাৰতীয় গদ্য সাহিত্যৰ পীঠস্থান মহাপুৰুষ ভট্টদেৱ প্রতিষ্ঠাপিত ঐতিহ্যমণ্ডিত ব্যাসকুছি সত্রত জন্মগ্রহণ কৰা এজন মেধাৱী ছাত্রই জীৱনৰ ঘাত-প্রতিঘাতৰ মাজেৰে সন্মুখীন হোৱা চৰম প্রত্যাহ্বানকো পৰাভূত কৰি অসমৰ শৈক্ষিক আৰু বৌদ্ধিক জীৱনৰ নেতৃত্ব লৈ অসমীয়া ভাষা আৰু সাহিত্যক ভাৰতৰ ৰাজধানী দিল্লী চহৰতো প্রতিষ্ঠা কৰি অহাৰ এক অবিস্মৰণীয় কাহিনী বর্ণনা কৰাৰ মাজেৰে অসমৰ ইতিহাসৰ হেৰুৱা অতীত স্মৃতি পুনৰুদ্ধাৰ কৰি অসমৰ ঐতিহ্যৰ সৈতে নতুন পুৰুষক আত্মিক বান্ধোনত বান্ধিবলৈ এক অসাধাৰণ প্রয়াস কৰা হৈছে।   — আজিৰ অসম (সম্পাদক- অপূর্ব শর্মা), ১১ জানুৱাৰী ২০০৭

■ **"Inspirational Appeal**

Writer Arnab Jan Deka has been a prolific writer for past several decades. The novel Bhaba Ananda Sambad has won an award for novel writing in the year 2007 instituted by the Publication

Board Assam. The background of this novel is set at the dawn of the Indian independence during 1950s and 1960s, when the main character of this novel is Asomratna Principal Bhabananda Deka. The story reflects the social and educational scenario of Assam during that period. The main character of the novel Principal Deka was born in the Byaskuchi Satra, the heritage establishment of prose literature founded by Bhattadev. His father died when he was still a child, yet he was brave enough to cross all hurdles of life and after higher education he devoted his all life for the development of mother tongue and Assamese literature. Principal Deka has contributions towards the establishment of the Assamese language at the national level. This novel was written when Principal Deka was alive, but without his knowledge, and it won a prize and published after his death, perhaps a wonderful tribute to the departed soul.

The novel begins with the wonderful description of countryside of the Byaskuchi village, from where starts the glorious march of a simple boy – Bhabananda. The boy excels in the school examination and decides to study in the capital city. The description of the reaction of different village people and their expectations from this boy after he completes his studies is heart touching. The use of colloquial language in the novel have made characters more lively and touchy. As the boy reaches the capital we get a picture of the city life, the problems a boy can face when he enters the capital. But this boy is different he sticks to his basics and wears only dhoti while going to college. He wins the hearts of the college students and leads the student community at that time.

We also get the picture of the Panbazar and the nearby areas like Northbrook Gate, Dighalipukhuri, Kamakhya Temple, Bharalumukh, the famous Sheikh Brothers in Panbazar, Kelvin-Bijuli cinema halls etc. Most of the names – Nirmal Prava, Bhaben, Homen, Rammal, Lakshminandan, Prasanna, Hitesh – that find mention in the novel who are friends of Bhabananda seems to be familiar names who later on established themselves in different fields. After completing Higher education Bhabananda takes up his job in Delhi, but it was his love for his birthplace that he returns to Guwahati and starts contributing through his works. The character never did forget his country side and worked for the development of his native place as well. The first chapter and the last chapter end up almost with same description of the countryside and its people and their love, cordiality and gratitude for this boy who contributed for this village with the same feelings. This is an inspirational novel where symbolism has not found much place, rather the author preferred to translate the nostalgic past into words understandable to all wherein lies the entire strength of this novel." – **Neelotpal Deka, The Assam Tribune,** 11 July, 2008

A Stanza of Sunlight on the Banks of Brahmaputra
(Poem collection jointly authored with British poet Tess Joyce), First Edition : 31 July 2009

■ "Tess Joyce was so fascinated with the Brahmaputra river's all-encompassing nature that she penned a book of poems titled 'A Stanza of Sunlight on the Banks of Brahmaputra' jointly with Assamese poet Arnab Jan Deka. Joyce, a practicing Buddhist and a strict vegetarian, says working with Deka has been a wonderful experience because of their shared love for poetry and environmental concerns. In the book, her original poems appear side by side with Assamese transliterations by Deka. Deka's original Assamese poems have been transliterated by her into English. She has tied up with an organisation to distribute the book in the UK. The book, she feels will also play a crucial role in creating the kind of awreness she is trying to develop in society. 'I hope that the book will be well received in the UK, as it will be a wonderful way to introduce the Assamese culture to Britain and to evoke the magnificence of the fragile river to a wider readership,' she says." -- **Deccan Herald,** 11 October 2009.

অর্ণৱ জান ডেকাৰ গ্রন্থৰ তালিকা

উপন্যাস

১। ভৱ আনন্দ সংবাদ, প্রথম প্রকাশ/২০০৭ চন, ২। হৃদয়ৰ দিনলিপি, প্রথম প্রকাশ/ ২০০০-২০০১, ৩। নায়কৰ নগৰী, প্রথম প্রকাশ/ এপ্রিল ২০০২, ৪। মেক্সিকো চহৰত এজনী প্রেমিকা (২০০২), ৫। নৈশক্লাৱত বিগতযৌৱনা, প্রথম প্রকাশ/১ডিচেম্বৰ ১৯৯৯, ৬। অন্তৰ্ভা, প্রথম প্রকাশ /১৯৯৯-২০০০, ৭। ভাই ভাই, প্রথম প্রকাশ /মে' ২০০২, ৮। অন্ধকাৰৰ কবিতা(১৯৯৮), ৯। মই আৰু ভূপেনদা, ১০। মই আৰু অমূল্যদা, ১১। সুসময় দু:সময় (২০১১)

গল্প সংকলন

১২। অকস্মাৎ এক আবেলি —প্রথম প্রকাশ/ডিচেম্বৰ ২০০৪, ১৩। নাৰীবাদৰ নৱক — প্রথম প্রকাশ /১ ডিচেম্বৰ ১৯৯৯, দ্বিতীয় প্রকাশ/১৫ ডিচেম্বৰ ১৯৯৯, ১৪। হৃদয়বতীৰ সন্ধান আৰু অন্যান্য গল্প, ১৫। পাহাৰগঞ্জৰ সন্ধিয়া আৰু অন্যান্য গল্প, ১৬। প্রেম অসম্ভৱ, ১৭। অর্ণৱ জানৰ প্রেম আৰু বন্ধুত্বৰ গল্প, ১৮। The Mexican Sweetheart & other Stories (ইংৰাজী), ১৯। মেক্সিকো শহরে একজন প্রেমিকা এবং কয়েকটা গল্প (বাংলা), —প্রথম প্রকাশ/ ২০০৯

কবিতা সংকলন

২০। এফাঁকি ৰ'দ, — প্রথম প্রকাশ /১৯৮৩, দ্বিতীয় প্রকাশ /২০০৯, ২১। A Stanza of Sunglight on the Banks of Brahmaputra (jointly authored with British poet Tess Joyce), — প্রথম প্রকাশ/২০০৯, ২২। তোমাৰ বুকুত বিয়পি ৰ'ব নদী, ২৩। একান্ত প্রেমৰ ঋতু, ২৪। মোৰ শৈশৱ-কৈশোৰৰ কবিতা , ২৫। মোৰ গীতি কবিতাৰ পৃথিৱী, ২৬। অর্ণৱ জানৰ নির্বাচিত প্রেমৰ কবিতা, ২৭। অর্ণৱ জানৰ নির্বাচিত শোকৰ কবিতা, ২৭। অর্ণৱ জানৰ নির্বাচিত আনন্দৰ কবিতা

বিষয় ঃ জীৱন

২৯। যৌৱন আৰু দৃষ্টি, —প্রথম প্রকাশ/ ২০১১, ৩০। জীৱনৰ ধাৰাভাষ্য(স্তম্ভলেখাৰ সংকলন), ৩১। মানুহৰ অধিকাৰ মানুহৰ দায়িত্ব(স্তম্ভলেখাৰ সংকলন), ৩২। জীৱনৰ বৰ্ণময় ৰূপ-ৰস. ৩৩। এখন নিকা সমাজৰ স্বপ্ন, ৩৪। My Vision of Youth, ৩৫। হৃদয়ৰ সংলাপ (স্তম্ভলেখাৰ সংকলন), ৩৬। সত্যৰ সিপিঠি (স্তম্ভলেখাৰ সংকলন), ৩৭। আৰক্ষীৰ চৰিত্র আৰু দায়িত্ব, ৩৮। ভাৰতীয় মূল্যবোধ আৰু নৈতিকতা, ৩৯। মোৰ দৃষ্টিত নাৰী স্বাধীনতা (স্তম্ভলেখাৰ সংকলন)

গণ প্রচাৰ মাধ্যম

৪০। মুক্ত প্রকাশৰ মাধ্যমবোৰৰ প্রতি আগ্রাসী প্রত্যাহ্বান, ৪১। দূৰদৰ্শনৰ প্রসংগ

অসম

৪২। অসমৰ বিষয়ে চিন্তা-চৰ্চা, ৪৩। অসমৰ বাবে এখন অৰ্থনৈতিক ইস্তাহাৰ

ৰাজনীতি

৪৪। মোৰ দৃষ্টিত ভাৰতীয় ৰাজনীতি আৰু গণতন্ত্ৰ, ৪৫। ভাৰতীয় ৰাজনীতিত আলোকপাত, ৪৬। My thoughts on India['The Assam Tribune'ত প্ৰকাশিত ৰচনাৰ সংকলন), ৪৭। সাক্ষাৎকাৰত এজন মুখ্যমন্ত্ৰী, ৪৮। ভূপেন হাজৰিকাৰ ৰাজনীতি

কাৰিকৰী

৪৯। অভিযন্তাৰ ডায়েৰী, ৫০। ইঞ্জিনীয়াৰৰ দৃষ্টিৰে ঃ অসমৰ উন্নয়নৰ খচৰা, ১। চিভিল ইঞ্জিনীয়াৰৰ হাতপুথি

শিক্ষা

৫২। শিক্ষাৰ মাধ্যম

শংকৰী কলা আৰু দৰ্শন

৫৩। মোৰ দৃষ্টিত শ্ৰীমন্ত শংকৰদেৱ, ৫৪। আৰ্ন্তজাতিক পটভূমিত শংকৰদেৱ, ৫৫। Srimanta Sankardev : An Universal Projection, ৫৬। Srimanta Sankardev : A Visual Documentary (চিত্ৰনাট্য)

জীৱনী

৫৭। অন্য এক যাযাবৰ, —প্ৰথম প্ৰকাশ /১৯৯৩, দ্বিতীয় প্ৰকাশ/২০১১, ৫৮। অসমৰ জীৱন্ত কলাক্ষেত্ৰ প্ৰদীপ চলিহা, — প্ৰথম প্ৰকাশ /ডিচেম্বৰ ২০০৩, ৫৯। অধ্যক্ষ ভৱানন্দ ডেকা ঃ এক বৰ্ণাঢ্য জীৱন, — প্ৰথম প্ৰকাশ-২০০৬, ৬০। আমাৰ অমূল্য, ৬১। মোৰ চিনাকি ভূপেনদা, ৬২। একমেবদ্বিতীয়ম ডঃ ভবেন্দ্ৰ নাথ শইকীয়া, ৬৩। বৰ্ণময় ৰূপত ভূপেন হাজৰিকা, ৬৪। মোৰ পৰিচিতা বিশ্ববিজয়ী অভিনেত্ৰী সীমা বিশ্বাস, ৬৫। Cinema Legend Kamal Haasan, ৬৬। বিতৰ্কৰ আৱৰ্তত ভূপেন হাজৰিকা, ৬৭। ভূপেন হাজৰিকাক অসমৰ মাটিয়ে ভুল নুবুজেতো

ব্যক্তিত্ব

৬৮। মহাজীৱন-সন্ধানীৰ সাহচৰ্য, ৬৯। হৃদয়বান সুহৃদৰ স্মৃতি, ৭০। স্মৃতিৰ দলিচাত অনন্য অসমীয়া, ৭১। স্মৃতিৰ দলিচাত অনন্য বিশ্ব-নাগৰিক, ৭২। ডায়েৰীৰ পৃষ্ঠাত কিছু সুখস্মৃতি, ৭৩। বিশ্ববিখ্যাত চলচ্চিত্ৰ ব্যক্তিত্বৰ সান্নিধ্য, ৭৪। ভাৰতীয় চিত্ৰতাৰকাৰ সৈতে মই, ৭৫। অসমৰ অৰ্থনীতি চৰ্চাৰ বাটকটীয়া অসমৰত্ন অধ্যক্ষ ভৱানন্দ ডেকা (বৌদ্ধিক জীৱনৰ খণ্ডচিত্ৰ), প্ৰথম প্ৰকাশ-২০০৭ চন

নাটক

৭৬। মুক্তি(অনাতাঁৰ নাট), --প্ৰথম প্ৰকাশ(আকাশবাণী ঃ গুৱাহাটী কেন্দ্ৰ) /১৯৮১, দ্বিতীয় প্ৰকাশ/১৯৮৭, ৭৭। মোৱামৰীয়া (১৯৮০ চনত ৮ম শ্ৰেণীৰ ছাত্ৰৰূপে ৰচিত বুৰঞ্জী আধাৰিত নাটক)

উপন্যাসিকা

৭৮। শিল্পী দিৱসৰ জাৱজ সন্তান, —প্ৰথম প্ৰকাশ /১৯৯৯, ৭৯। অভিজাত অভিসাৰিকাৰ এদিন এনিশা, —প্ৰথম প্ৰকাশ /১৯৯৯, ৮০। খলনায়িকাৰ হাঁহি, —প্ৰথম প্ৰকাশ /২০০৪

চলচ্চিত্ৰ

৮১। ৰূপালী পৰ্দাত ৰূপৰ সন্ধান, ৮২। চলচ্চিত্ৰত সামাজিক দায়বদ্ধতা, ৮৩। অবিস্মৰণীয় চলচ্চিত্ৰৰ মণ্টাজ, ৮৪। দেশ-বিদেশৰ চলচ্চিত্ৰ, ৮৫। চলচ্চিত্ৰৰ অস্কাৰ, ৬। বিশ্ব চলচ্চিত্ৰৰ মহানায়কসকল, ৮৭। ভাৰতীয় চলচ্চিত্ৰৰ জনদিয়েক মহীৰুহ, ৮৮। নতুন তথ্যৰ আলোকত ঃ ভাৰতীয় চলচ্চিত্ৰৰ প্ৰকৃত বাটকটীয়া, ৮৯। নতুন চলচ্চিত্ৰকাৰৰ হাতপুথি

ভ্ৰমণ

৯০। স্মৰণীয় ভ্ৰমণৰ দিনলিপি, ৯১। দক্ষিণৰ হলীউদত কিছুদিন, ৯২। ভাৰতীয় প্ৰতিনিধিৰ সাজত আন্তৰ্জাতিক চলচ্চিত্ৰ মহোৎসৱত, ৯৩। বোম্বে চলচ্চিত্ৰ সমাৰোহৰ ডায়েৰী

অসমীয়া চলচ্চিত্ৰ

৯৪। অসমীয়া চলচ্চিত্ৰৰ ৰস সন্ধান, ৯৫। অসমীয়া চলচ্চিত্ৰৰ উন্নয়ন ঃ মোৰ চিন্তা-ভাৱনা, ৯৬। মোৰ দৃষ্টিৰে থলুৱা চলচ্চিত্ৰ ঃ কলা আৰু বাণিজ্য

সাহিত্য

৯৭। মোৰ ৩০ বছৰীয়া সাহিত্যিক জীৱনৰ স্বপ্ন আৰু সাধনা —প্ৰথম প্ৰকাশ /২০০৮, ৯৮। গ্ৰন্থৰ পৃথিৱীত এভুমুকি, ৯৯। অসম সাহিত্য সভাৰ আঁত ধৰি, ১০০। মোৰ নিৰ্বাচিত সম্পাদকীয়, ১০১। মোৰ বিভিন্ন সাময়িক ৰচনা, ১০২। মোৰ কৈশোৰৰ ৰচনাবোৰ, ১০৩। পত্ৰবান্ধৱীলৈ মুকলি চিঠি, ১০৪। শিশুৰ কল্পনাৰে এটা ভূতৰ সপোন, ১০৫। কথা, গৰীয়সী আৰু মই , ১০৬। নবীন লেখকৰ হাতপুথি

আইন

১০৭। অধিবক্তাৰ ডায়েৰী (স্তম্ভলেখাৰ সংকলন), ১০৮। সাধাৰণ ৰাইজৰ বাবে আইন, ১০৯। নতুন অধিবক্তাৰ হাতপুথি

বিবিধা

১১০। সাধাৰণ জ্ঞানৰ বাহাদুৰি, —প্ৰথম প্ৰকাশ /২০০০ , ১১১। সংস্কৃতি কথা, ১১২। My Encounters with People & Events

সাক্ষাৎকাৰ

১১৩। সাক্ষাৎকাৰত কমল হাসন, ১১৪। সাক্ষাৎকাৰত খুশৱন্ত সিং, ১১৫। সাক্ষাৎকাৰত ভূপেন হাজৰিকা,

সম্পাদিত গ্ৰন্থ

১১৬। মোৰ কবিতা ঃ অধ্যক্ষ ভৱানন্দ ডেকা —প্ৰথম প্ৰকাশ/২০০৭, ১১৭। Jewel of Assam Principal Bhabananda Deka —প্ৰথম প্ৰকাশ/২০০৮, ১১৮। Last Testament of Principal Bhabananda Deka —প্ৰথম প্ৰকাশ/২০০৯, ১১৯। Iron Man of Assam Bishnuram Medhi by Principal Bhabananda Deka —প্ৰথম প্ৰকাশ/২০১০, ১২০। স্মৃতিৰ পাপৰি ঃ অধ্যক্ষ ভৱানন্দ ডেকা —প্ৰথম প্ৰকাশ/ ২০১১, ১২১। Sankardev's Kirtan Ghosa by Principal Bhabananda Deka —প্ৰথম প্ৰকাশ/২০১১, ১২২। ভূপেন হাজৰিকা, ভৱানন্দ ডেকা, মামণি ৰয়ছম গোস্বামী ঃ তিনি অসমৰত্ন তিনি বাটকটীয়া— প্ৰথম প্ৰকাশ/২০১১

সম্পাদিত কাকত-আলোচনী

১২২। গান্ধাৰ, —প্ৰথম প্ৰকাশ/১৯৮৭, ১২৩। JEC News, —প্ৰথম প্ৰকাশ/১৯৮৯, ১২৪। Voice, —প্ৰথম প্ৰকাশ/২০১০,

স্পেইনৰ প্ৰতিভাশালী চিত্ৰকৰ
লুইছ মাৰ্চেট কুইলেছৰ সৈতে অৰ্ণৱ জান ডেকা (২০০৭)